现代渔业提升工程·水产标准化健康养殖丛书

水产品市场营销

邓俊锋　武国兆　宋结合　赵永珂　编著

中原农民出版社
·郑州·

图书在版编目(CIP)数据

水产品市场营销/邓俊锋等编著. —郑州:中原农民出版社,2015. 12

(现代渔业提升工程·水产标准化健康养殖丛书/张西瑞主编)

ISBN 978-7-5542-1341-4

Ⅰ. ①水… Ⅱ. ①邓… Ⅲ. ①水产品市场-市场营销学-研究 Ⅳ. ①F762

中国版本图书馆 CIP 数据核字(2015)第 290059 号

水产品市场营销

邓俊锋　武国兆　宋结合　赵永珂　编著

出版社:中原农民出版社

地址:河南省郑州市经五路 66 号　　邮编:450002

网址:http://www.zynm.com　　电话:0371-65788655

发行单位:全国新华书店　　传真:0371-65751257

承印单位:河南安泰彩印有限公司

投稿邮箱:1093999369@qq.com

交流 QQ:1093999369

邮购热线:0371-65724566

开本:890mm×1240mm　A5

印张:6.5

字数:185 千字

版次:2016 年 3 月第 1 版　　印次:2016 年 3 月第 1 次印刷

书号:ISBN 978-7-5542-1341-4　　定价:20.00 元

本书作者

邓俊锋　武国兆　宋结合　赵永珂

序　言

据文字记载，我国有2 500多年的鱼类养殖历史，可谓世界之最。今天，我国已是世界上水产品生产、贸易和消费的第一大国。多年来，我国渔业生产保持着持续快速发展的势态，在国民经济中的地位日益凸显，并已成为农业和农村经济发展的重要增长点。2013年全国渔民人均纯收入13 039元，远高于农民人均收入的8 896元；全国水产品总产量为6 172万吨，连续24年位居世界首位，为城乡居民膳食提供了1/3的优质动物蛋白源。近年来，渔业产业结构不断优化，实现了生产方式由捕捞为主向养殖为主的重大转变。

2013年以来，中央连续出台了多项惠渔政策，鼓励并引导水产养殖业从传统渔业向现代渔业转型。现代渔业已成为各种新技术、新材料、新工艺密集应用的行业。渔业的规模化、集约化、标准化和产业化发展，对科技的依赖程度也在不断提高。因此，我们需要不失时机地普及水产科学知识，提高从业者素质，帮助他们吸纳和运用现代生物技术、信息技术和材料技术的新成果，发展现代渔业和精深加工业，以降低资源消耗、环境污染和生产成本，不断提高渔业的资源产出率和劳动生产率，进一步引领和支撑优质、高效、生态、安全的现代渔业发展。

河南省淡水渔业发展很快，在传统渔业的基础上，现代渔业也开始起步。面对这一可喜的新形势，有关主管部门组织专家和技术人员适时编写《现代渔业提升工程·水产标准化健康养殖丛书》，除了进一步激发渔业科技人员总结在实践中的创新经验外，无疑将对渔业从业者培训、促进行业转型发展等起到推动作用。发展现代渔业的关键是新型渔民的培养与经营主体的培育，造就产业发展的主力军。通过对基层渔业科技人员和养殖户培训，掀起广大渔业劳动者学科技、用科技的热潮，切实提高他们的从业技能，促进渔业科技成果转化，培养有文化、懂技术、会经营、善管理的新型渔民，为现代渔业建设培育经营主体和可持续发展提供支撑能力。

丛书涵盖了淡水渔业各方面内容，包括高产池塘创建和低产池塘改造、健康养殖示范场创建、水产原良种体系建设、渔业科技推广、休闲渔业、水产品质量安全、水生生物资源养护以及苗种质量鉴别与培育技术、鱼类病害防治和渔药残留控制、养殖水体水质调控技术、饲料配制与投喂新技术、池塘生态养殖技术、池塘生态工程设施与模式构建、水产养殖病情监测预警等内容，适用于管理者和经营实践者学习参考，是新形势下渔业的科普兼专业性读物。同时，丛书特别强调保障水产品质量安全，改善水域生态环境，维护水域生态安全，提倡渔业相关的二、三产业等的协调发展，最终实现装备先进、高产优质、环境友好、渔民增收的现代渔业发展新格局。

多年来，我与河南水产科技人员共事和交流，对他们敢为人先的创造性和务实拼搏的敬业精神尤为钦佩。我期待着在全国现代渔业建设的大潮中，河南水产事业走出自己的特色之路，并大有作为！

中国科学院水生生物研究所研究员

中国科学院院士 [signature]

2015 年 1 月

前　言

近年来我国水产品行业总体上呈现良好态势，水产品总量持续增长，水产品市场供应充足，品种丰富，购销两旺，水产品综合价格稳中有升，并且出口市场一直保持旺销局面。但是，从整个市场走势来看，目前乃至今后比较长的一段时期内，我国水产品市场仍属于买方市场，水产品结构性、区域性过剩现象时有发生，导致水产品售卖难和农户养殖增产不增收的问题也越来越突出，水产品市场增收的空间依然十分狭小，国际贸易仍存在较大变数。

如何在这样一个市场大势之下改革创新、扬长避短、趋利避害、扭亏增效，是个值得广大水产品营销人士和水产品经纪人深思的问题。

水产品营销既需要把握行业特点和市场特点，又需要从质量、物流、包装、加工、贸易、品牌、策略等方面全盘考虑。水产品市场既是品种丰富的市场，又是品种之间市场价格相差悬殊的市场，同时也是价格变化最快的市场和门槛最低的市场。因此，水产品市场也成为最难营销的市场。"酒香不怕巷子深"的时代已经过去，竞争激烈的现实需要我们认真研究水产品的自身特点、水产品消费群体的特点以及水产品的国际与国内市场环境。水产品企业要培训一批懂专业、训练有素的水产品营销人员，驰骋在水产品市场上，向消费者传递信息、提供服务或推销水产品，从而实现生产者赚钱、消费者得实惠、营销人也快乐的共赢局面。

本书具有如下特点：①可读性强。通俗的语言加经典的案例分析，使得本书可供水产品行业的各类人群阅读学习。②启发性强。本书的章节安排符合水产品营销的规律要求，从导语的设计到内容的组织，从理论的把握到实践的提炼，都可为相关人士提供有益的启发。③时代性强。考虑到市场的多变，我们充分借鉴了最新的理论和实践的发展，力求反映出水产领域的科研成果、实践经验和发展变化情况。

为适应水产品行业发展的时代需求，我们组织河南农业大学、西北农林科技大学、北京信息科技大学、河南机电职业学院等多家单位的同仁共同编写了《水产品市场营销》，以期对于水产养殖户、水产经纪人、水产企业以及相关从业人员有所启迪和帮助。

在本书的编写过程中，我们借鉴了大量前人的研究成果，在此恕不能逐一列举，但是我们要对他们的智慧表示万分的敬仰和感激。没有他们这些“巨人”，也不会有本书的出版，由于我们的水平有限，加之时间仓促，错误和疏漏在所难免，恳请读者批评斧正。

目录

第一章　认识水产品行业

目前，尽管在传统领域水产品在国内市场已经暂时性呈现饱和状态，但是，这并不影响水产品行业迎来新的发展机会。由于科技的不断进步，全球市场的不断扩大，依靠营销创新和拓展海外市场做大水产品行业将大有可为。所以，广大水产品企业营销人员以及长期活跃在水产品市场的经纪人应该及时了解水产品行业的特点、格局以及行业风险，为做好水产品市场营销工作找准方向。

第一节 水产品行业现状

一、水产品市场概况

2014 年我国水产品产量 6 450 万吨，是 1949 年的 142 倍，渔业产值在大农业中的份额由 1950 年年初的 0. 2% 提高至 11. 2% 左右，是大农业中发展最快的产业之一。我国渔业从一个基础十分薄弱、生产力十分低下、作业方式单一的产业，快速发展成为一个门类较齐全、装备较先进、结构较优化、竞争力较强、生产力较高的行业，我国已连续 25 年成为世界第一渔业大国。

2013 年，中国亿元以上水产批发市场有 150 多个，全年成交金额为 2 600 多亿元，约是肉、禽、蛋成交额的 2. 6 倍。水产品是继蔬菜之后，中国农产品批发市场中，成交量最大的商品。同时，中国食品方面的物质性消费需求，正在快速地向精神消费需求转变。广大水产品营销人员以及水产品经纪人在水产品的养殖、加工、销售满足了传统市场的基础上，要瞄准餐饮市场、旅游市场，以准确地把握市场的变化，争取更多的市场机会。

二、水产品行业产业链

经过多年的快速发展，中国的水产品行业已经形成了从养殖、捕捞到营销一整套完整的产业链体系。其运作流程如下：

根据市场的反馈信息，水产品养殖户或企业以及水产品捕捞企业生产出生鲜水产品，或者经过水产品的初级加工或直接进入水产品专业市场，进而进入国际市场、零售、深加工等领域，其中餐饮业占有很大比重，再通过这些渠道进入到终端消费者手中。整个过程又涉及其他相关行业，如设备制造、商业、服务业、贸易、流通领域、仓储业、饲料产业等，分别为水产品行业在生产、流通等领域提供产品和服务。整个水产品的行政主管部门是农业部渔业局以及各地方渔政部门,其中水产品的检验是其重要职能之一。另外,根据国家政策对水产品行业实施宏观调控,落实产业规划也是渔政部门的主要工作。而自律性协会则对主管部门对水产品行业的管理起到了非常大的补充作用。由渔农自发组织的民间渔业协会、商会如雨后春笋般涌现,这种民间协会与以往计划经济时期留下来的,或者是政府部门转变成的协会有很大不同,最大区别在于,他们是自己领导自己、自己管理自己,是纯粹市场经济的产物,通过协会能帮助渔农争取到更大范围的话语权。同时,对于市场新产品、工艺、饲养等方面的开发则主要是科研部门的任务,这些科研部门主要分布在高等院校和国家、地方性研究所。一些有实力的民营和国有企业也建立了相应的科研成果转化研究机构,如通威集团等。这些部门、实体综合作用,形成了水产品行业的产业链条,其中,水产品专业市场在整个行业中起着至关重要的作用。中国水产品行业还处于自由竞争阶段,市场集中度较低,产品同质化程度较高。因此,各水产品生产企业对产品价格的影响力较小,只能被动接受市场博弈的平均价格,使得专业化市场在整个产业链中占据了主要的地位,成为水产品流通的主渠道。

三、水产品生产(养殖、捕捞)现状

1. 优势水产品区域化布局逐渐形成

由于食品安全日益受到重视,市场上对有机食品、天然食品、野生食品的需求日趋旺盛,使得曾经不被人们问津的大水面水产养殖重新回到水产养殖舞台上来。中国优势水产品区域化布局基本形成,各地一批批优势水产产区、优势水产品应运而生,形成了东南沿海、环渤海出口水产品优势养殖带和长江中下游出口河蟹优势养殖区,即“两带一区”的区域化布局。

2. 水产品出现品牌竞争势头

在市场经济快速发展的今天,品牌经营是水产品行业强渔兴水的有效途径。品牌化的竞争已经成为水产品行业的新动向。以“通威鱼”为例,“通威鱼”一直雄踞水产品行业的桥头堡,在中国各大超市一举成名,以其无泥腥味、无其他异味、肉质细嫩、味道鲜美、健康安全的独特品质,深受广大消费者的欢迎和好评。“通威鱼”有良好的生态环境,严格按照国家规定的无公害水产品生产技术和规程生产和加工,产品没受有毒有害物质污染。公司在2001年开发出这一产品,现已在成都建立拥有10万亩规模的无公害水产品生产基地,有12个产品经过国家的有关认证并获得政府颁发的证书;营销网络已覆盖了整个成都市场,在市区内已拥有100多个大型售卖场,300多个会员销售点。2005年以来,在全国逐步建立起国际领先的水产食品加工出口基地。

3. 水产品加工方兴未艾

水产品加工和综合利用是渔业生产的延续,所谓“加工活,则流通活,流通活,则生产兴”,搞活了加工,货畅其流,无形中给养殖生产开辟了一个永久性的高速通道。因此,水产品加工业的发展对于整个水产品业的发展起着非常关键的作用。中国在水产品加工和综合利用方面与世界水平相比差距还十分明显。一是加工量比例较低,中国水产品加工比例不到总产量的1/3,其中淡水产品不足5%;二是加工技术含量低,高附加值产品少;三是废弃物综合加工利用水平不高,加工过程中的鱼头、内脏、鱼鳞、鱼骨、虾头、蟹壳及腐烂水产品等废弃物,主要用来生产饲用鱼粉,对其中很有价值的成分尚未充分提取和利用;四是传统产品加工技术落后,中国几千年来形成的许多传统风味水产食品仍然沿用传统的作坊式手工加工方法,市场逐渐萎缩。因此,振兴水产品加工行业已迫在眉睫。

4. 国际影响和地位发生了历史性变化

我国水产品总产量连续20年位居世界首位。近30多年来全世界水产品增量中,有一半来自中国。世界水产养殖总产量的70%来自中国。水产品国际贸易发展迅速,出口额从1978年的2.6亿美元,发展到2014年的217亿美元,增长80多倍,自2002年起成为世界第一水产品贸易大国。我国还是世界水产品来(进)料加工贸易的主要基地,在国际市场分工中占据重要地位。

5. 发展方式发生了历史性变化

由于渔业资源日渐衰退,我们及时转变渔业生产理念,转变资源利用方式,对渔业进行了重大政策调整,向“以养为主”发展。1988

年水产养殖产量首次超过捕捞产量，成为世界上唯一养殖产量超过捕捞产量的国家，2014 年我国水产品养殖产量4 762万吨，占我国水产品产量的 75% 左右，占世界养殖水产品总量的 65% 。

随着对渔业资源保护和可持续发展意识的增强，渔业管理理念的转变，捕捞产量实现了零增长、负增长。设立禁渔期、禁渔区，伏季休渔、大规模人工鱼礁及增殖放流等一系列水生生物资源的养护措施得到加强，渔业资源衰退的状况得到了有效遏制，渔业生态建设成为生态文明的重要组成部分。

广大水产品营销人员以及经纪人要根据水产品市场的特点以及新发展，及时引导广大养殖者积极推进由传统养殖向健康养殖理念的转变，由数量增长型向效益增长型转变。同时，在市场发展方向的指导下，水产养殖业将向节水、高效、生态、健康型养殖迅速发展，水产养殖技术规范、水产品质量标准体系也将逐步完善。

第二节　水产品市场格局

自 20 世纪 90 年代以来，中国的水产品总量就位居世界第一，2002 年中国的水产品出口创汇总额又超过泰国，处于世界领先地位，2013 年水产品出口额首次突破 200 亿美元。水产品生产的快速发展，总量的大幅增加，使中国的水产品市场发生了根本变化，国内市场基本达到供求平衡，某些品种已供大于求，水产品销售价格总体呈下降趋势，呈现出“饱和型市场”和“买方市场”，而水产品出口又遭遇绿色壁垒的制约，再加上产品本身的质量问题，出口困难重重。而由于国家的宏观调控政策，消费市场的持续低速发展将会使水产品销售市场雪上加霜。但是，在一些局部领域，如发达国家出口市场、小品种市场、深加工市场中，水产品还有显著的增长。中国的水产品生产是出口和内销并举，而且国内市场的容量还有很大的提升空间。

经过30多年的水产品市场培育，中国的水产品流通已呈现下列格局：

一、批发市场体系逐步完善，已成为水产品流通的主渠道

近几年，中国的水产品批发交易发展迅速，水产品批发市场的建设也较快。除沿海主要港口城市外，大多数大中城市也都相继建立起了适合本地特点的水产品批发市场。这些批发市场集冷藏、运输、批发、零售于一体，对水产品市场的繁荣发挥了积极的推动作用。此外，水产品市场信息网络建设也较快，如中国水产商情网络、沿海国有海洋捕捞信息网络、长江流域主要城市水产品信息网络、14个大中城市水产品信息网络、中国水产品信息网络等，对水产品市场信息交流、扩大水产品销售等都起到了较大的促进作用。

二、水产品零售业交易活跃，对批发交易起到了互补作用

中国的水产品零售除国有副食商店、个体水产商店和生产企业直销外，主要是遍及各地的城乡集贸市场，对水产品批发交易起到了很好的互补作用，也方便了消费者。另外，生鲜超市的出现，为水产品零售业添加了新的渠道，而且，随着人们食品安全意识的不断增强，越来越多的人选择在生鲜超市购买水产品。因此，目前生鲜超市在水产品零售中的作用不断上升。

三、区域性水产品市场尚待培育

目前，中国重要的水产市场多集中于主产区和主销区，而辐射范围较小的区域性水产品市场则尚在培育中，这使得中国水产品流通领域中出现了“两头大，中间小”的布局，从某种程度上阻碍了水产品的流通。例如，四川、重庆、湖北人口众多，但人均水产品占有量不足25千克，远远低于全国人均47千克的占有量。究其原因，区域水产品市场发育不足是一个主要方面，市场发展还有很大潜力。

四、中西部地区和内陆农村市场潜力巨大

因区域资源、传统消费习惯和消费水平问题，中国的中西部地区

和内陆农村的水产品市场很不发达，人均水产品的占有量和消费量都很有限。目前中国农村人均鱼虾消费量只有 5.5 千克左右，不足城镇的 1/3，低于全国 10.4 千克的平均水平。随着中国农业和农村经济的发展，农民的消费水平会逐步提高，农村的水产品市场会得到进一步发展，9 亿多的农民，若达到年人均 10 千克水产品的消费量，将有 500 多万吨的消费空间。

五、进口水产品成倍增长

在中国生产捕捞的海产品中，中档适销的商品，严重供给不足。比如带鱼、黄鱼、平鱼、鱿鱼、墨鱼、黄姑鱼等。这些市场需求，都需要进口商品来补充。即便在前几年，高达 35% 的关税情况下，每年通过各种渠道进入中国市场的进口带鱼，也达到百万吨水平，且均为优质鱼。2005 年，与水产品相关联的有关市场全面放开。比如，商业服务业、贸易权、流通领域、仓储业等。这样，会有更多的外资进入中国水产品市场，在流通领域、仓储领域、加工领域、养殖领域、饲料领域、渔用机械与设备领域，全面地介入。外资将从高端市场入手，逐步地向低端市场渗透。在国外大量资金、先进技术、一流设备无阻碍地进入中国水产品市场之后，中国的企业应该有所准备。

六、市场营销方式日新月异

当今的水产养殖经营者一改过去单季卖鱼的习惯，开展丰富多彩的营销方式和策略，有的随养随卖，有的什么时候赚钱什么时候卖，如节假日或重大活动的时候可随时上市，有的上门到相关单位或个人家庭联系销售，有的抓住地域性价差信息的机会实现异地销售，还有的以鱼换取生产资料和生活资料。另外，通过垂钓上市不但可以解决卖难问题，还可卖出好的价格，像草鱼、鲫鱼垂钓价格比市场价格要高 2 倍多，这也是巧卖鱼的一大策略。还有的地方以节促鱼，实现渔业增效；或进超市、连锁商店，或通过网上销售，或通过展会、商会推介，或加工出口进而实现出口创汇。

七、小品种、小产品、小字号水产品异军突起

随着消费需求多元化、个性化的快速发展，小品种水产品本身所独有的个性化特征，它口味的刺激性、产品强烈的差异性、食品与生俱来的药用价值、营养价值，日益受到市场的青睐。消费者对水产小产品的追捧程度，超过对一般水产品的追求，形成热卖态势。小品种水产品与大众化水产品的生产与消费格局正在形成楚河汉界，两军对垒，各占半壁江山。多元化的市场需求，对水产小产品给予了正确的定位。江苏盱眙十三香龙虾，就是小产品的突出代表。三门梭子蟹、嵊泗贻贝、信阳青虾、锦州蛤子、丹东青蛤、如东紫菜、高邮河蚬、烟台海带、莱州海蜇、北海沙虫、天津毛蚶、温岭红虾、深圳蚝油等水产小品种，都出现或正在出现与小龙虾相似的蓬勃发展局面。总体来讲，中国国内的水产品市场在传统营销方式中竞争较为激烈，同时，在高端市场还出现了外资抢占的新动向，使竞争趋势不断增强。在这种情况下，各水产品生产企业在成本化、差异化方面作了很多创新性的尝试，并取得了很大的成功，例如大规模生产（大面积养殖），在水产品安全、小品种水产品开发、营销方式上的个性化发展，这大大增强了中国国内水产品流通市场的竞争力，中国国内的水产品市场已经开始步入了差异化发展的新阶段。但是，这也意味着大众化水产品的利润进入了成本竞争阶段。今后，中国国内的水产品大众化市场将持续这种趋势，而且，由于产能的过剩，这种趋势还会影响到海外大众化水产品的市场价格。

鉴于目前水产品行业的格局，广大水产品营销企业以及长期活跃在水产品市场的经纪人要及时寻找行业机会，找准水产品市场发展方向，采取科学的对策。

第三节　水产品行业发展机会

从当前和今后一个时期国内外水产品市场需求变化看，中国水产品行业发展机会有以下几个方面：

一、国际市场

据美国国际食品政策研究会和世界渔业中心2003年发表的《2020年世界渔业展望》称，到2020年，世界水产品消费量（主要指鱼虾类）将达到12 780万吨，比1997年的9 080万吨增加3 700万吨，增长40%。这种增长，一是来自发展中国家的需求，其消费量将从6 270万吨增加到9 860万吨，增幅近50%；二是来自发达国家的需求，其对水产品的消费量将从2 810万吨增至2 920万吨，增幅为4%。从数据中不难看出，今后5年水产生产具有很大的发展空间。

而随着经济的发展、科技的进步和就业机会的增多，发达国家直接从事水产品行业的劳动力越来越紧张，水产生产呈萎缩状态。如日本20世纪80年代鳗鱼生产量为3.6万吨，到了20世纪90年代降为2.1万吨，截至2015年降为1.7万吨。这就给我们发展水产养殖提供了一个极好的机遇。中国是世界上的水产大国，水产品出口保持世界首位，并在贸易量中占有很大的份额。这就为中国扩大水产品出口提供了极其有利的条件。今后10年国际水产品的增加量主要来自养殖，其产量将从4 760万吨增至6 100万吨。水产养殖产品的国际贸易也会越来越受到国际社会的重视和发展。因而当前大中型水产品企业应瞄准国际市场，把中国的外向型渔业做强做大。

二、农村小城镇市场

中国有9亿多农民，农民既是中国居民构成的主体，又是中国消费的主体。农民的收入增长与消费水平是中国经济发展的巨大拉动力，对水产品的消费起着很大的作用。今后 10 年，中国的农村和农业将步入一个新的快速发展轨道，农村人均收入和消费水平将有一个较大幅度的提高，水产品的消费也将有一个相应的增长。因此，抓住当前有利时机，积极培育和建设中国农村小城镇水产品市场，不断加大开发力度，引导消费，这方面的潜力也是很大的。农村小城镇水产品市场的开发与形成，将使中国的水产品行业进入一个新的发展轨道。

三、水产加工品市场

中国是世界水产大国，水产品产量世界第一，但水产品加工却相对滞后，加工量仅占生产量的 20% 左右，远远低于世界平均水平。现有的水产加工品也大多为初级产品，精深加工品很少。随着中国经济的发展，旅游休闲业的兴起以及水产品进入超市，特别是外向型渔业的发展，对水产加工品的需求也将越来越旺，市场前景十分看好。其中六大类水产加工品开发是当前水产品加工的发展方向（六大类水产加工品分别是水产方便食品、风味水产食品、模拟水产食品、保健水产食品、美容水产食品和分割冷冻水产食品）。通过引进先进加工设备，改进加工工艺，推行 HACCP 质量管理体系，创建名牌产品与新品，实施规模化生产产业化经营，以全新的贸易观念和手段开拓国内外水产加工品市场，这方面是大有可为的。

四、休闲观赏渔业市场

休闲观赏渔业，从广义讲应包括 4 个方面：垂钓渔业、观赏渔业、观光渔业、旅游与渔家风情渔业。这 4 个方面都有着较大的发展潜力，构成了当前渔业发展的新亮点，也是当前中国渔业进行战略性结构调整的重点。中国是一个垂钓历史悠久的国家，垂钓活动历来为广大人民群众所喜爱。近年来，随着中国人民生活水平的不断改善和休闲时间的增多，一大批中青年的加入，使中国的垂钓渔业进入了一个新的发展时期。北京、天津、上海、广州、武汉、南京等大中城市相继修建了一批各具特色的垂钓休闲渔业中心，把垂钓与旅游观光、娱乐健身、住宿餐饮结合在一起，吸引了更多人参与。随着中国人民生活由温饱向小康迈进并奔向现代化，垂钓渔业有着巨大的发展空间。

在观赏渔业上，中国既是观赏鱼养殖最早的国家，又是世界性观赏鱼——金鱼的故乡。近几年中国的观赏渔业出现了新的发展势头，观赏鱼正向平民百姓家挺进，成为广大群众最喜爱的宠物之一。而目前世界上观赏渔业正以每年 10% 的速度在快速增长，英国有 14% 的家庭、美国有 15% 的家庭、日本有 16% 的家庭以观赏鱼为宠物。当前无论是国内还是国外，观赏渔业都是发展的热门，金鱼、锦鲤、热带鱼都有着巨大的发展空间，而观光与旅游渔业更是当前中国旅游业发展的一个重要方面，有着相当大的市场。

五、新品、名牌水产品市场

新品、名牌产品始终是推动生产与市场不断向深层次发展的巨大动力，是满足消费者追求新鲜、奇特需求的根本途径。所谓新品、名牌水产品，一是指通过引进、选育的新的养殖品种，并深受消费者欢迎；二是指利用现有的产品通过研究改进养殖加工工艺、提高产品质量而创建的新品或名牌产品，并得到社会公认和检验机构认定。新品、名牌水产品始终是市场的领头羊，这方面的开发潜力也是相当大的。中华绒螯蟹自开发到养成有 20 多年时间，现已成为中国淡水养殖产值超百亿元的主导产业。一个砂锅鱼头、一个酸菜鱼使中国淡水传统四大家鱼的养殖趋于稳定，养殖产量达到 1 300 多万吨。所有这些都能说明，新品、名牌产品在市场开发中的巨大作用。在当前水产品市场激烈竞争的新形势下，广大水产品经纪人更需要用新品、名牌水产品来开拓市场，扩大产品销售、推进市场向深层次发展。这也是当前开拓市场的一个重要方面。经过全方位、多角度的开发，中国水产品行业将继续保持蓬勃发展的势头，从而进一步扩大水产品市场的规模。

第四节　水产品行业风险

水产品行业作为国家产业体系的重要组成部分，关系国计民生，其发展也受国家政策的鼓励，但是，在行业的运行中仍然存在着一些风险。

一、政策性风险

水产品是重要的大众消费品，国家对其产品价格监管较严，价格难以大幅度提高，形成了“价格天花板”。这种现象在大众化低端水产品市场中表现得尤为明显。这种风险如果出现，将降低水产品行业的利润率，打击行业参与者的生产积极性，并有可能造成生产企业产量下滑。同时，国家关税政策和进出口政策的变化可能会对水产品的生产经营活动产生不同程度的影响。

二、市场风险

对于水产品行业来讲，一般性农副水产品属于人民群众必需之日常消费品，其市场受经济周期变化影响较小，但一些名、优、特水产品由于成本高、价格贵等因素，进而影响该种产品的市场需求。此外，水产品市场还会受季节性变化的影响，存在一定的市场风险。由于水产品生产通常具有季节性、周期性，因此，行业热点的转化会给生产者带来较大的风险，如果不及时预测并调整生产品种和产量，将会影响到企业的盈利水平，造成产品积压、资源浪费。

三、环保风险

水产品出口加工基地、生物技术成果转化基地在生产经营过程中会产生一定的废弃物、废水、废气，污水垃圾及噪声。随着国家对环境保护工作的日益重视，环保标准将不断提高，一些水产品生产企业有可能面临环境保护不达标的风险。

以上这些风险，都是水产品行业中的系统性风险，不受行业内各企业所控制。因此，需要水产品经营企业根据竞争环境的变化及时调整。系统性风险也是想进入水产品行业的潜在企业进行风险控制和评估的重要考量因素。

小 知 识

10 个数字看清中国水产业未来发展趋势

★2/3　中国水产养殖产量占世界比例 10 多年一直保持此数据。

中国水产养殖产量从 1980 年的 1 316 278 吨涨至 2013 年的 43 549 738 吨，逐年增长，而占世界比例则从 1980 年的 28% 涨至 2000 年的 66%，2010 年占 62%，2013 年保持 62%。即在 2000～2013 年间，中国水产养殖产量持续 10 多年占世界比例的 2/3，并且这个比例在未来一段时间会继续保持。

★11.8 千克　亚洲人均水产品消费量近 30 年实现翻番。

1980 年亚洲人均水产品消费量 9.6 千克，低于全球人均 11.5 千克，两者数据均逐年增加，到 2011 年统计数据时，全球人均水产品消费量达到 18.9 千克，而亚洲人均达到 21.4 千克，增长 11.8 千克，超过全球人均量，30 年间实现翻番。

★1.3 倍　十几年间，亚洲养殖户人数激增。

1995 年，全球养殖户人数 8 049 000 人，亚洲养殖户人数达到 7 762 000 人，占绝大多数。2012 年，全球养殖户人数激增至18 861 000人，主要增加人数来自于亚洲；2012 年，亚洲养殖户人数增至18 175 000人，比 1995 年增加 1.3 倍。

★11 589 0 00 吨　未来 15 年中国水产品供需差额增大。

尽管人均水产品消费量逐年增加，但产量也因为技术及养殖人数的增加而激增，与此同时，在中国，计划生育的实施，未来15年内消费人口减少，由此导致水产品供需失调，预测2020年中国水产品供应大于需求9 679 000吨，在2030年供需差额增至11 589 000吨。差额负值区主要集中在北美、欧洲及日本等发达地区及国家，这也是未来水产品的出口方向。

★31亿　2014年加拿大水产养殖产值超31亿加元。

2014年加拿大水产养殖产值超31亿加元，但其产量占全球比例低于0.2%。与之对比的是，中国所在亚洲区域的水产品养殖量占全球绝大多数比例。所以，包括加拿大在内的北美及欧洲等地区及国家是未来中国水产品的主要出口对象。

★700　越南每吨水产养殖品消耗抗生素是挪威的700倍。

Holmstrom等(2003)调查了泰国76个养虾场，其中56个在用抗生素，抗生素种类有10种。挪威生产1吨水产养殖产品消耗1克抗生素，而越南是700克(Defoirdtet al.，2011)。

★86%　使用噬菌体能使斑节对虾幼体存活率提高。

在自然暴发发光弧菌商业孵化场中，使用噬菌体能使斑节对虾幼体存活率从17%提高到86%，而使用抗生素(5毫克/升土霉素+10毫克/升卡那霉素)的斑节对虾幼体存活率仅为40%。噬菌体可作为无抗生素水产养殖一个很好的替代策略。

★23.5%　中国是美国主要的水产品供应商。

2013年，无论是数量还是价值，中国都是美国主要的水产品供应商。中国出口美国水产品占美国总进口量的23.5%(575 513吨)，总进口额的15%(27亿美元)。其中，进口总额中的一大部分来自于进口的二次加工产品鲑鱼、鳕鱼、黑线鳕、比目鱼。此外，中国国内市场需求冲击美国对虾市场。

★45%　美拒绝进口大量亚洲水产品的最主要原因。

美国拒绝进口亚洲水产品的理由：45%是因为卫生问题

或水产品腐败,30%是因为沙门菌,15%是因为药物残留,10%是因为其他原因。其中加工过程化学药品添加超过GMP的指导意见也会被认为是不合规产品。

★200万~250万吨 明显产能过剩,国产鱼粉面临无利时期。

近年来,山东荣成地区的鱼粉企业由262家整合为62家,浙江地区由34家整合为4家,辽宁地区27家正在进行整合改造。合计全国这93家鱼粉企业,年产能达200万~250万吨(以每个厂日产120吨,年生产6个月算)。

第二章　水产品市场

水产品是继蔬菜之后，中国农产品批发市场中成交量最大的商品。同时，中国食品方面的物质性消费需求，正在快速地向精神性消费需求转变。水产品的养殖、加工、销售，在满足了传统市场的基础上，都瞄准餐饮市场、旅游市场，以准确地把握市场的变化。

由于食品安全日益受到重视，市场上对有机食品、天然食品、野生食品的需求日趋旺盛，使得曾经不被人们问津的大水面水产养殖重新回到水产养殖舞台上来，中国优势水产品区域化布局基本形成，各地一批批优势水产产区、优势水产品应运而生。目前逐渐形成东南沿海、环渤海出口水产品优势养殖带和长江中下游出口河蟹优势养殖区，即“两带一区”的区域化布局，各地结合此规划合理安排本地区渔业生产，大水面特色渔业开发势头愈加强劲。

案例:2015 年 6 月,美国 FDA 解除对湛江丰源水产公司的自动扣留措施,这是中国今年第四家水产品出口企业获取美国 FDA“绿卡”。据悉,美国 FDA 自动扣留制度是美国食品药物管理局对进口食品实施管理的一项主要措施。产品被实施“自动扣留”后,将带来检验周期长、仓储费用增加、货物不能及时周转等问题,给出口企业造成很大的损失。早在 2007 年 6 月,美国 FDA 以从中国多批水产品中检出药物残留问题为由,实施了对中国输美的对虾、鲶鱼、鳗鱼、鲮鱼及叉尾鮰鱼等五类水产品实施“自动扣留”,至今尚未解除。2009 年 10 月,美国 FDA 代表团来中国考察输美水产品质量安全管理体系,今年初,先后有湛江国联水产开发股份公司、福清市东威水产食品实业有限公司、中联水产(湛江)有限公司三家输美水产品企业获取美国 FDA“绿卡”。湛江是中国水产品的主要出口地区,出口量和货值分别占全国总量的 30% 左右。美国是中国出口水产品的第二大市场,更是湛江出口水产品的第一大市场,目前湛江输美水产品量占出口水产品总量逾 40%。

分析:随着我国水产品对外贸易量的增长,其质量安全问题成为水产品贸易技术壁垒最根本的核心问题,也成为发达国家限制我国水产品进口的借口。由此可见,要想把水产品生产、贸易做好,了解市场至关重要。

第一节　水产品及其市场特点

一、我国水产品资源概况

我国水域宽广、气候适宜、环境优越,适于鱼类繁殖。主要有以下特点：

（一）品种多、类型广

我国的鱼种，根据有关文献记载，海水鱼大约有1 500种，淡水鱼约600种。但目前常见的商品鱼中，海水鱼只有70～80个品种，淡水鱼20多个品种。这些商品鱼种，由于生长的水域深度、水质、水温等条件不同，其生态、形态各异，商品性也不一样。例如，近海底层的鱼，口味鲜淡，肉质细嫩，腥味轻。近海中层的小黄鱼、大黄鱼等，肉质白嫩，口味清香，含蛋白量高，可与肉类食品中的瘦肉相比，使人多食不腻。远洋性的鲐鱼、鲅鱼、带鱼和河口区出产的水产品以及名贵的大马哈鱼、鳟鱼、鳇鱼等，其肉肥味鲜，像肉食中的肥膘肉一样。由于不同水域出产的不同类型的鱼，在营养、口味以及利用率上的不同，其经济价值也就不同。

（二）经济品种多，单一高产品种少

我国没有像挪威、冰岛、秘鲁等国家那样的鲱鱼、鳕鱼、金枪鱼、鲑鱼等单一高产品种。在我国年产量达到30万吨以上的鱼种不多，一般年产量多在5万吨左右。但积少成多，我国仍是世界渔业产量高的国家之一。

（三）鱼类生长快、成熟早、资源易于恢复

千百年来，人们对某些水产食品，就其产量、食用价值或品种质量方面给出了赞美性的结论。例如，大黄鱼、小黄鱼、带鱼、墨鱼，被人们称为海产“四大经济鱼”；牡蛎、蛏、蛤蜊、蚶被称为“四大贝类”；海参、干贝、鱼翅、鱼肚、鲍鱼、虾米、鱿鱼干、琼胶被称为“海产八珍”；青鱼、草鱼、鳙鱼、鲢鱼，被称为淡水“四大家鱼”；鳊鱼、鲌鱼、鲤鱼、鳜鱼被称为淡水“四大名鱼”，等等。这说明我国水产品品种之多，质量之高，开发利用之早，在世界上是享有盛名的。

这是由于我国海域广阔、气候适宜、饵料来源广，并有良好的栖息、繁殖环境，因而鱼类生长迅速。如当年孵化的幼带鱼，至年末，体长可达14～16厘米。一般鱼类2～3年就达到成熟期，可以作为商品鱼捕捞。虽然鱼类资源容易受到不同程度的破坏，产量上会有波动，但只要充分发挥我国自然条件的优越性，加强保护，合理开发利用，其渔业发展速度仍会比其他国家快得多。

二、我国水产品市场的特点

1. 水产品市场是品种丰富的市场

与其他农产品相比，水产品是商品种类最多的产品，可达数千种。其种类主要有鱼、虾、贝、蟹、藻五大类及其加工产品。市场上又分为鲜活产品、冰鲜产品、冻品、干品、腌制品、精深加工品、模拟产品及其他产品，如水产保健品、水产药品等。丰富的种质资源，加之科技飞速发展，经济全球化，信息化，又为水产新产品的不断涌现带来了机会。

2. 水产品市场是品种之间市场价格相差悬殊的市场

同为水产品，执行同一功能，但由于品种、规格、产地等的不同，其市场价格相差悬殊。

3. 水产品市场是价格变化最快的市场

水产品生产比一般农产品生产周期长，价格也比其他产品变化快，市场供求随时都发生变化，"甲鱼热"、"南美白对虾热"的降温就是一个很好的教训。当然，也有少数水产品在很长一段时间内比较畅销，这必然跟在一定时期内养殖还没达到一定规模、技术还未广泛普及等原因有关。无怪乎市场人士把商品价格的大幅度起落统称为"海鲜价"。

4. 水产品市场是门槛最低的市场

水产品市场的门槛是最低的。换句话说，水产品市场是初级竞争性市场，是较原始的市场形态。由于门槛低，市场准入相当宽松，只要有钱挖坑，你就可以养鱼养虾；只要有钱进货，你就可以卖鱼卖虾。由于门槛低，市场竞争就更加激烈，其竞争方式也更多地表现为低层次的价格竞争。另外，由于门槛低，也为少数不法商家制假贩假提供了机会。

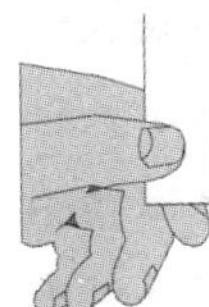

阅读材料

由于中国经济快速发展，中国水产品的主要消费市场由北京、上海、青岛、大连、深圳等传统的食鱼型为主的沿海地区及邻近沿海地

区的东部地区向中西部地区扩展开来，消费结构也由食肉升级为水产品，主要原因是由于这些地区的经济发展带动的消费需求在质和量上的提高。地区经济发展的差距具有使这种趋势更快发展的特征。

水产品的消费主要集中在东部地区，这与东部地区的经济发展、居民收入水平、产品的供给能力等因素有关。在城市方面，水产品方面消费支出排名较前的省市包括福建、上海、浙江、广东、海南等，其中福建与上海在水产品方面的人均消费支出分别达到了999.62元和817.64元（2010年），浙江、广东、海南的人均消费支出分别为713.79元、657.73元和669.83元（2010年）。而在农村地区，为减少城市和农村间的消费差异，中国政府在推动以城市为重点的水产品消费的同时，也积极扩大农村地区的水产品消费。2010年，上海、浙江、福建、广东及海南的农村地区对水产品的消费量分别达到了17.21千克、16千克、15.06千克、14.55千克和15.74千克，远高于5.15千克的中国平均水平。

因此，今后中国水产品消费市场将会在扩充流通系统等产业建设和消费意识的结构性变化的基础上，呈现出从现在的城市中心向内陆地区传播扩散的发展形态。2007年，中国水产品的人均占有量为36.23千克，到2011年，人均占有量增长到41.84千克，较2010年提高了1.41千克。

近来，中国城市水产品消费倾向由淡水鱼转向海水鱼，消费者需求开始向新鲜的冷冻食品转变。加之城市消费形态由家庭食用转向外出就餐，这样的现象出现加速化。

城市的外出就餐中多是中国餐馆或西餐馆，以招待客人、家庭聚餐、约会等形式消费。中国人很重视宴请，被宴请一定要再次回请是中国的传统文化。因此，社会团体的外出就餐消费很高，这种增长在城市地区扩大的同时，也将随着食品消费结构的变化，使整体水产市场随之扩大。因此，由于经济增长和社会饮食结构的变化导致的家庭消费形态的变化，以及政府政策上的扩大需求的方针，未来几年中国水产品的人均消费将持续增长，同时中国人口整体基数大，水产市场的规模将更加巨大。

第二节 水产品消费市场的影响因素

一、人口因素

1. 人口总量及其增长速度的影响

人口数量决定市场容量与规模。虽然不能说有多少人口就有多少水产品消费者,但对于水产品消费来说,庞大的人口总量及其增长速度蕴藏着巨大的水产品消费潜在市场。假设城乡居民家庭平均每人全年水产品消费量提高 1 千克,那么,中国的水产品消费量就增加 130 万吨,相当于世界上一个渔业发达国家的全年水产品总产量。但是,我国人口分布面广,地区之间的水产品消费量相差悬殊。

2. 老年人口增加、城市人口增长的影响

老年人口的逐年增加,增加了健康、益寿、营养食品的消费。水产品具有营养丰富、滋补防病等功效,受到老年人的欢迎。随着我国城镇化水平的不断提高,城镇人口快速增长,也带动了水产品消费量的增加。

二、经济因素

经济是影响水产品消费市场的一个重要因素。影响水产品市场消费的经济因素主要有社会购买力和消费者收入。

1. 社会购买力的影响

社会购买力指的是一定时期内社会各方面用于购买商品的货币支付能力。经济发展的每一阶段,都有其相应的生产力发展水平、消费需求、购买能力。1949 年我国的水产品产量只有 44.8 万吨,如果按当时的人口去平均,人均占有量也只有 1 千克,消费需求受到限制。而现在我国水产品人均占有量超过 45 千克,社会购买力也有了很大提高。我国城市社会购买力高于农村是城市居民家庭水产品消费量高于农村家庭3倍多的一个重要原因。对于水产品消费市场而言，社会购买力的增强，有助于扩大水产品市场需求。因此，在今后一段时间内，无论是城市居民还是农村居民，对水产品的消费量均有较大的提升空间。但城市和农村、沿海和内陆、东部和西部之间的社会购买力相差巨大，对于水产品消费量的增长速度也存在很大差异。

2. 消费者收入的影响

消费者收入指的是消费者从各种来源所得到的货币收入。随着经济体制改革的深化和市场经济的发展，近些年无论是国民收入、人均国民收入、个人收入、个人可支配收入、个人可任意支配收入都逐年增加。消费者收入增加，消费水平就会相应提高。如果水产品的价格保持不变，那么消费者收入增加就意味着水产品价格下降，消费者的购买力增强。因此，水产品的消费会随着消费者收入的增加而增加。

三、产品因素

1. 水产品质量、效用的影响

水产品营养丰富、味道鲜美，又有软化血管、降低胆固醇、健康滋补等多种效用，可以满足不同消费者的需要，受到消费者的普遍欢迎。

2. 水产品价格、替代品的影响

水产品价格的高低是影响水产品消费市场最关键、最直接的因素。影响水产品价格的因素有很多，主要包括水产品成本费用、水产品市场供求状况、水产品的特点、国际水产品市场价格变动、替代产品的价格等。近年来我国水产品市场价格基本平稳，只有少数名特优新的水产品价格略有上升。

替代水产品的商品主要是牛肉、羊肉、猪肉、兔肉、鸡肉、鸭肉等，其主要效用与水产品相类似，提供动物性蛋白质。此外蔬菜类产品也有间接替代作用。替代商品价格的变化影响水产品的消费量。假如水产品价格不变，替代商品的价格下降，那么水产品就变得相对昂贵，人们就会增加对替代商品的需求而减少对水产品的消费，反之亦然。

四、社会文化因素

(一)文化背景与受教育程度的影响

文化环境因素对于水产品市场购买行为的影响常常是间接的。中国是一个多民族的国家,大多数民族喜欢食用水产品,仅少数例外。

受教育程度虽然与水产品的消费量没有直接的联系,但一般情况下,受教育程度高的人更容易接受新的消费理念,购买新产品。在水产品消费市场上,每年都有许多新品种推出,有来自依赖科技进步新开发养殖的品种,有通过国际销售渠道新上市的品种。受教育程度高的人多分布在中心发达城市和沿海城市,该地区的水产品销量要高于其他地区。

(二)消费习俗与价值观念的影响

消费习俗是人们历代传递下来的一种消费方式,也可以说是人们在长期经济与社会活动中所形成的一种消费风俗习惯。2013 年我国城市居民家庭平均每人全年购买的猪、牛、羊肉之和是 32.7 千克,购买水产品 10.4 千克。这说明城市居民家庭在食品类消费支出模式和消费结构中,仍以猪、牛、羊肉占主导地位。但沿海、沿江地区的居民喜食水产品,消费量在年人均 70 千克以上。如江苏、浙江、上海三地素有食蟹之喜好,所以,江苏、浙江、上海三地的蟹类消费量极大。因此,消费习俗是水产品消费市场影响因素中最有影响力的因素之一。

水产品的营养价值已为广大消费者所认同。近几年深海鱼类身价倍增,销量看好,低质鱼销量也不错,这与广大消费者认同的吃深水鱼健脑,可降低胆固醇、软化血管的消费观念有关。

五、地域环境因素

1. 地域观念差异的影响

我国地域辽阔,由于历史原因,沿海、沿江、沿湖地区的居民素有喜食水产品的传统。而远离海、江、湖居住的许多居民对食用水产品缺乏兴趣,更喜欢猪肉及牛羊肉。有的地域因为水资源匮乏,接触水产品甚少，缺乏水产品消费观念；有的地域因为交通运输不便，水产品又不便于运输，影响该地域居民对水产品的消费。

2. 地域收入差异的影响

对不同地域居民的水产品消费量的统计结果表明，城市居民家庭人均年水产品消费量是农村居民家庭人均年水产品消费量的近3倍。巧合的是，城市居民的年收入是农村居民年收入的3倍。

由此可见，除文化、消费习惯等因素影响外，地域环境差异也是影响水产品消费量大小的重要因素。地域间水产品消费差异的形成既有历史的原因，也有收入的原因，还有营销方面的原因。所以，广大相关从业人员应加强对水产品市场营销的重视，特别在水产品消费少的地区，水产品企业要加强市场开发与营销，引导水产品的消费。

第三节　水产品零售市场特点

随着传统饮食结构的变化，以及人们对健康关注度的提高，消费者对水产品的需求呈现总体上升之势，据中国食品网报道，中国人均水产品消费量从1978年的0.37倍增长到2013年的10.4千克，消费量持续快速增加。

一、水产品的种类与化学组成

广大水产品营销人员，特别是直接接触终端市场的水产品经纪人要掌握水产品的种类、化学组成及其相关知识，在组织货源和营销过程中及时发现问题并妥善解决。

（一）水产品的种类

水产品按生物种类形态可分为鱼类、贝类、藻类和水生哺乳动物；按出产可分为淡水类和海鲜类；按其保存条件可分为活鲜类、冰鲜类、冻鲜类和干鲜类。

活鲜产品

冰鲜产品　　　　冻鲜产品

（二）水产品的化学组成

鱼肉与畜禽肉相比，其肉中肉浆较多，肌肉纤维细致。一般化学组成与水分含量多少有关，水分含量多一些，其蛋白质和脂质就少一些，但并不影响营养成分的品质。

一般来说，鱼肉的含水量为 50% ~80%。鱼肉含水量少的脂质含量就高，含水量高的脂质含量就少。一般红色的肉，水分和脂质之和为 80% 左右；蛋白质含量为 20% 左右；糖分则非常少，不到 1%；灰分最多可达 1%。软体动物、甲壳类动物、棘皮动物的含水量则有所增加，蛋白质和脂质则有所减少。牡蛎、大虾的糖分特别是肝糖含量高，而海参的特点是灰分含量高。但鱼肉即使同一种类，由于季节、饲料、产卵等情况和鱼体部位以及年龄的不同，其化学成分也会有明显的不同。把脂质储存在肌肉中的红色鱼类有金枪鱼、松鱼、秋刀鱼、沙丁鱼、青花鱼等，各部位的脂质含量可达 30%，而相对来说水分含量就特别少。脂质含量若少于 1% ,则肌肉中的含水量有增加的趋势。而鲨鱼、鳕鱼、鲽鱼和许多无脊椎动物,其肌肉中的水分也很多,其脂肪含量就有减少的趋势。

(三) 水产品死后变化

鱼死后会很快发生变化,这些变化错综复杂,大体分为死后强直、自溶作用及腐烂 3 个过程。

1. 死后强直

鱼类活着时,其肉柔软而富有弹性,死后不久就硬化,这种现象称为死后强直。鱼进入强直期的迟早和持续时间的长短,主要取决于以下因素:

(1) 鱼的种类　扁体比圆体开始迟,环境温度在 30℃ 左右,鱼出水到强直结束,1. 5 ~2 小时;如果迅速冰藏,僵直期可持续几天或更长时间。

(2) 捕获时的状态　春夏季饲料丰富,强直开始迟,僵硬持续时间长。

(3) 致死方法　迅速致死,比剧烈挣扎、疲劳致死的鱼进入僵硬期迟,持续时间长,有利于保藏。

2. 自溶作用

经过强直的鱼肉,不久即开始软化,这种现象称为自溶作用。鱼肉柔软而富含浆汁,细菌易侵入而致腐败,故鱼肉在强直期其新鲜度最好,自溶期质量较差。

3. 腐烂

鱼肉极易腐烂,如在常温下放置 2 ~3 天,即不能食用。因此,控制细菌生长发育的一些影响因素,如温度或者水分等,就可防止鱼肉的腐烂。

二、水产品鲜度的感官鉴定方法

鱼类的品质检验应根据鱼鳞、鱼眼的状态,鱼肉的松紧程度,表皮和鳃中所分泌的黏液量、黏液的外形和气味及鱼肉组织形态来判断。

1. 鱼鳃的状态

新鲜的鱼，鱼鳃的色泽鲜红或粉红，鳃盖紧闭，黏液少，呈透明状，没有臭味；不新鲜的鱼，鱼鳃呈灰色或苍灰色；腐败的鱼，鱼鳃呈灰白色，有黏液。

2. 鱼眼的状态

新鲜鱼的眼澄清透明，并且很完整，向外稍凸出，周围没有因充血而发红的现象；不新鲜鱼的眼多少有点塌陷，色泽灰暗，有时由于内部溢血而发红；腐败鱼的眼球破裂，并且移动位置。

3. 鱼鳞和表皮状态

新鲜鱼的表皮上黏液少，体表清洁，鱼鳞紧密完整而有光泽；不新鲜甚至腐败的鱼，表皮黏液量增多，鱼鳞色泽发暗，鳞片松动。

4. 鱼的组织状态

新鲜鱼鱼肉组织紧密而有弹性，用手指压一下，凹陷处立即平复，鱼的肛门周围呈一圆坑形，硬实发白，肚腹不膨胀；不新鲜的鱼肉质松软，肉与骨易脱离，指压时凹陷部位难以复原，鱼的肛门突出，同时肠内立刻充满因细菌活动而产生的气体，并使肚腹膨胀、有臭味。

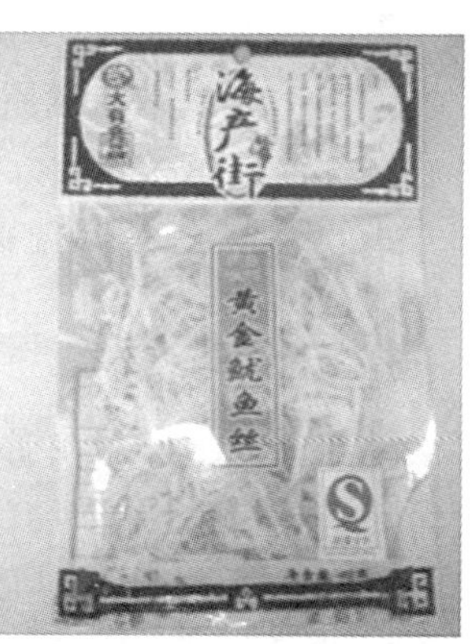

超市水产品

三、超市水产品商品的特性

水产品虽是超级市场最具开发潜力的商品，但在消费者保护意识逐渐增强之际，营销企业应该提供鲜度佳、种类多的商品，以满足消费者的需要，继而建立企业信赖度。不过处理包装水产品时，必须先了解其特性，才能维护产品的品质。

（一）种类繁多

水产品的种类较多，节肢动物、软体动物、棘皮动物等均为水产品加工处理成商品的对象。

（二）货源不易掌握

水产品除极少数属人工养殖外，大部分均为天然资源，天然资源的存在量与存在地点不易掌握，以致渔期、渔场、渔获量时常发生变化，使供货量不能掌握。

（三）肌肉成分因鱼体大小、部位而异

一般而言，同一种类的动物，其肌肉成分因年龄、肥满度而异，即使同一个体也会因部位相异而有差别，这种现象在鱼类更加明显。例如，大、中、小鲷鱼的脂质、蛋白质、灰分的含量，就以脂质的差异特别大。同样鲷鱼的脂质，含量也因部位的不同而有相当大的变化。

（四）鱼体成分因季节而变化

鱼类的味道鲜美度有其季节性，可见鱼体成分易随季节而变化，鱼类脂质蓄积较多的时期（产卵前），往往是味道最鲜美的季节。

（五）容易腐败与变质

生鲜食品容易腐败以及变质，已是不争的事实。但水产品因处理方式的不同，以及其自有特殊本质，从而比畜产品更容易变质，分述如下：

1. 处理方式不同

大部分的水产品在捕获后，多半未取出易腐的内脏或鳃，即被运走。加上捕捞水产品时，鱼体内外容易受到损伤，其伤口受到细菌感染的机会也较大，因此品质保持不易。

2. 自体保有特殊本质

水产品组织比陆上动物软弱，其外皮较薄，鳞片容易脱落，也易被细菌从外伤处侵入体内，而且其表面的黏质物，正是细菌良好的培养基，因此极容易腐败。另外，鱼类死后硬直持续时间短促，自体分解迅速，也使得肉质容易变化。

美国家庭水产消费首选冷冻品

Facts(美国咨询机构)的调查报告指出,2004～2008年期间,美国冷冻水产品的销售量持续增长,在冷冻食品总销售量中所占的比率由12.1%增至12.3%。调查者分析,一直到2013年,美国的冷冻产品销售量仍将会增加,而冷冻水产品将会因为是家庭首选而仍然保持其第三大受欢迎冷冻食品的地位。2008年美国所有零售渠道销售的冷冻食品价值达到518亿美元,较2007年之487亿美元增长了6.5%,估计2013年销售额将为648亿美元。

该调查显示,55%的冷冻食品是通过超市销售的,其中22%由大型量贩店销售,15%则是通过畅货商店销售,其余的8%则由大型批发店销售。美国家庭购买冷冻水产品的比例由2004年的49%增长至2008年的52%。调查也发现,对冷冻食品业者而言,利好消息是,消费者的消费习惯正在改变,即在家备妥第二天的午餐并增加在家晚餐次数,减少了在餐厅用晚餐的次数。再则美国人口年龄结构的改变也对冷冻食品的发展有所帮助。

第四节　水产品批发市场

我国的水产品批发市场于近几年得以迅速发展,除沿海主要港口城市外,重点的城市、水产品集中产地与产区大都相继建立起了水产品批发市场。这些批发市场集水产品冷藏、运输、批发、零售和加工为一体,对水产品市场的繁荣起到了积极的推动作用。

目前我国水产品批发交易市场主要有4种存在形式:一是传统

的商业市场，如从事批零兼营的企业体系、传统的供销公司体系等；二是专业市场，如国家及地方定点指定的各级水产品批发市场，具体有产地市场、销地市场、中转市场及产销混合型市场；三是现代新型流通业态，如连锁经营市场、大型超市等；四是电子商务，如局域拍卖、电子交易等虚拟市场。

水产品的特殊性使水产品加工与流通有机统一、融为一体，大多数传统的水产品加工企业同时从事水产品流通业。现在整个水产品流通体系实现了量的扩充，基本适应国民经济和社会发展对水产品流通的需要，形成了总体平衡的格局。

水产品批发市场

一、我国水产品市场的机遇与挑战

当前国际国内形势发生了很大的变化。从国际形势来看，经济全球化、跨国公司的国际化经营、计算机网络等高新技术的突飞猛进等，使国际竞争更加激烈。从国内形势来看，我国加入 WTO、产业结构重新调整、居民收入水平的提高以及国内需求的变化同样冲击着市场。这些新情况、新问题的出现，孕育着发展的巨大机遇：一是随着我国加入 WTO，国际进出口贸易将进一步扩大，带来流通业市场空间的不断扩大；二是先进管理、先进技术、信息等的不断引进给产业提升带来了极佳的契机；三是人才素质的提高和结构的合理调整，为流通业培养了各类杰出的管理、经营、技术等人才。

我国水产品批发市场的发展也面临着严峻的挑战：

第一方面是外因。一是高新技术的应用和电子商务的崛起严重冲击着我国传统水产品市场的交易方式，甚至威胁着传统市场的生存和发展;二是大型超市的兴起和进入,健全的配送加工体系将会严重压缩传统市场的营销空间;三是我国沿海城市各跨国公司涉足水产品流通与加工,凭借着资本、技术、管理上的优势,激烈争夺批发市场的资源和传统销售市场,挤压着我国的原有水产品企业;四是连锁便利店、网上交易等新的商业运作业态的出现和逐步扩大压缩了传统流通业的空间,严重冲击着传统流通业的发展。

第二方面是水产流通业的特殊因素。近年来,海洋渔业面临其自身的特殊困难,制约了水产流通业的发展:一是作业空间缩小,中日、中韩渔业协定的实行和渔业协定的签订,使得我国的渔业生产空间大幅缩减,约 30 万个渔业劳动力面临着重新择业的危机;二是海洋渔业资源的进一步衰退,休渔期延长、捕捞生产零增长等国家各种资源保护措施的实行将使水产品捕捞量大量减少;三是渔需品成本特别是燃油价格的持续攀升,使得渔业生产成本大幅提高,渔民生产效益明显下降;四是国内需求不足,流通仍有一定程度的阻塞;五是人们生活需求的改变,对水产品的加工方式、卫生质量要求会更高。

第三方面是内因。一是市场管理体制落后,实际操作困难,运作不灵;二是管理运作方式落后,各类人才缺少,管理人员素质低下,难以与现代企业制度接轨;三是交易方式陈旧落后,流通环节多,形不成中心指导价格,阻碍着市场流通主导型产业化建设;四是相关法律法规不健全,多头管理现象依然存在;五是信息不对称,难以实现信息资源共享。

二、水产品市场产业化建设

鉴于上述因素,目前,我国水产品市场已到了产业调整、技术升级、企业提升的重要转折点,广大水产品企业要生存和发展必须要依靠科技进步、调整结构、以产业化建设为载体实施新一轮的创业。水产品营销人员以及广大经纪人,要认清形势,及时指导水产品加工企业和生产者合理生产,做到适销对路。

（一）开拓产业一体化经营新路子，推进水产品市场产业化建设

1. 开拓生产加工主导型产业一体化建设

发挥水产品行业组织的作用，实现生产、加工、销售企业各类资源的有机整合，使产、加、销有机结合，形成利益共同体，根据各业的性质和内容，规定各自的职责、权限以及权利和义务，同时建立虚拟战略联盟，形成一个严密的网络，统一对企业的组织管理、基本流程进行规划，并建立现代企业制度。

2. 开拓市场流通主导型的产业一体化建设

市场流通主导型产业一体化是指在多元化的市场主体结构中，以批发市场为龙头，以合同采购为主要购销方式，实现产供销一体化。其组织形式是将生产、加工、流通、销售等几个环节紧密地结合在一起，有关利益主体围绕市场利益和风险分配，通过各种契约关系结成市场共同体。具体来说，就是通过建立友好市场体系，以现有的产地批发市场为龙头，一方面向生产领域内延伸，将水产品生产基地、加工企业以及储存、保鲜、运输等环节连为一体，形成前向流通一体化。同时，为分散经营的渔民及其他运输商，通过合同关系形成协约一体化。另一方面向消费者领域延伸，将批发、拍卖、零售、直销、配送等环节连为一体，实行后向一体化。同时，与批发商、零售商以及消费者，通过合同关系形成协约一体化。通过结成市场利益共同体，科学合理进行市场建设规划，制定发展战略，加快市场流通主导型产业一体化建设。

（二）提升水产品市场服务水平，进一步促进水产品流通和加工

要抓住网络技术、电子商务飞速发展的有利时机，根据目前我国水产品流通方式和我国网络建设的实际情况，加快建设水产品交易虚拟市场，以特大型水产品批发市场群为核心，将水产品政府主管机关、相关社会团体、生产者、经营者、批发市场、生产资料、水产科研院所联成一体，形成一个信息传输快、环节少、流通费用低，能为水产品生产经营者提供生产经营决策、养殖加工技术咨询、产品销售综合服务的水产品信息、交易平台，提升传统的水产品流通业。

1. 充分发挥水产品行业协会等组织的作用

将国内的水产品流通与加工产业的生产、加工、运输、资源等有计划、有步骤地进行科学的整合，建立水产品流通业的虚拟战略联盟，加快市场流通主导型产业一体化建设。

2. 将现有国内的水产信息平台进行有计划有步骤的整合

以现有信息平台为基础，以建设水产品虚拟市场为核心，进一步建设好信息平台、交易平台、物流配送平台、生产（养殖、捕捞）配给平台、外贸出口对接平台、国内流通与加工企业连接平台、冷藏链物流配送平台等，建成全国性的水产品虚拟市场，并与日本、美国、欧盟等网络贸易系统相对接，实现水产品交易的虚实结合。

第三章　水产品国际贸易

水产品生产在过去的几十年快速增长，世界水产品贸易也随之迅速发展，并且成为许多发展中国家出口创汇的重要产品。

随着中国水产品产量和人均占有量的增加，水产品对外贸易得到了快速发展，在世界水产品市场中的地位不断提高，市场份额不断上升，为出口创汇做出了重要贡献。据海关统计，2002 年以来中国水产品出口额首次超过泰国，持续位居全球第一；2006 年中国水产品出口总额为 93.6 亿美元，位居大宗农产品出口首位。同时，各国都加强了对渔业资源的保护力度，对于公海的渔业资源通过国家间的合作加以保护，海洋捕捞水产品的产量增长乏力，甚至出现负增长的情况，今后水产品的供给量对养殖业的依赖性会有所提高，水产养殖品种的国际贸易也将越来越受到国际社会的重视。这些都为我国水产品出口贸易的发展带来了良好的机遇与条件。

但自 2000 年以来，世界各国水产品出口屡屡受阻。如 2001 年亚洲国家出口欧盟、美国和加拿大的虾类产品中被检测出氯霉素残留，2003 年"恩诺沙星事件"和 2005 年的"孔雀石绿事件"，以及美国对我国对虾倾销案调查，日本频繁对从我国进口的鳗鱼设置关卡，禁止我国生产的紫菜出口等，给我国的外向型渔业发展带来了很大困难，严重影响了我国水产品的出口创汇。

第一节　水产品贸易概况

案例1：美国与墨西哥的金枪鱼案

1990年10月，美国根据《海洋哺乳动物保护法案》宣布禁止进口墨西哥金枪鱼及其制品，认为墨西哥在东太平洋地区没有依照美国的法律规定来捕捞金枪鱼，而是采用拖拉大围网捕捞，在捕捞金枪鱼的同时捕捞了海豚，导致捕获的海豚数量超过了美国船只捕获的1.25倍，这项限制对墨西哥水产品出口影响极大。墨西哥提出质询，认为美国的行为违背了TATT的基本原则，因为多年来美国船队捕杀的海豚远多于墨西哥。TATT专家小组裁定美国采取禁止从墨西哥进口金枪鱼的措施与TATT的非歧视原则不符，专家小组论证了美国的措施并非第二十条的“所必需者”，两国捕捞金枪鱼的不同方法作为禁止进口的理由不能成立。

案例2：中国虾的氯霉素事件

2002年1月25日，以在我国出口的水产品特别是虾中检测出超出欧盟标准的氯霉素为由，欧盟委员会正式做出全面停止中国动物源性食品进口的决议，使中国水产品对欧盟出口严重受挫。经过艰苦谈判，欧盟委员会修改了2002/69/EC指令对产自中国的进口动物源性的食品实行保护的措施，恢复了对我国部分水产品的进口，但提出了更高更严的检验标准。

案例3：中国虾出口遭遇美国反倾销

2004年11月30日，美国商务部公布了对中国虾反倾销案的终裁结果，中国企业被认为低于公平价值对美出口涉案虾产品，倾销幅度为 0.07% ~112.81%，35 家企业获得了 55.23% 的平均税率，其他企业被裁定 112.81% 的税率，2005 年 1 月美国国际贸易委员会对中国虾做出产业损害终裁，认为我国的冷冻暖水虾的进口对美国虾产业造成了损害，但是罐装暖水虾损害不成立。由于我国被美国认为是非市场化国家，在此次对虾的倾销事件中受到的损失较大。

分析：从表层原因看，在水产品贸易中，我们除了关注国外技术壁垒外，还需要对非技术壁垒和非传统贸易壁垒高度重视，否则将会损失惨重。

水产品贸易在过去的几十年保持高速增长以后近几年进入平缓发展期，一些在过去支持水产品贸易快速增长的经济因素在弱化。

一、国际水产品贸易特点

1. 水产品的出口主要集中于发展中国家

水产品是世界上贸易比例最高的食品。2002 年，中国超过泰国成为世界上最大的水产品出口国。2004 年，中国水产品进出口贸易总额首次突破 100 亿美元，达到 102.1 亿美元，我国水产品出口自 20 世纪 90 年代以来持续快速增长，特别是 1999 年以来，年平均增长速度约 24%。2014 年我国水产品出口额达 217 亿美元，我国水产品出口已连续 10 多年居世界首位，约占世界水产品贸易总额的 1/10。这种贸易的快速增长依赖于水产品生产以及国内水产品加工行业的迅速发展，后者拥有廉价的劳动力和较低的生产成本。

2. 发达国家是水产品的主要进口国

发达国家进口额占世界水产品进口总额的比重超过 80%。美国已经超过日本成为世界上最大的水产品进口国，2010 年进口额是 154.9 亿美元，占世界进口额的 15% 左右。日本是世界上第二大水产品进口国，最近几年进口量有所下降，2010 年进口额 149.7 亿美元。西班牙 2010 年的进口额是 66.4 亿美元，为世界第三大水产品进口国，之后是中国、法国、意大利、德国等。

3. 水产品贸易的种类以加工产品为主

由于水产品容易腐烂，90% 以上的交易都是以加工产品为基础。

物流及技术的进步、需求的增加等刺激了鲜活和冰冻水产品的贸易。鲜活水产品在亚洲非常受欢迎，加工、运输、配送技术的发展也进一步支持了鲜活水产品贸易。新的技术体系包括特别设计的水塘、配有通风和提供氧气设备以保持运输和保存期间水产品新鲜的运输工具。

4. 水产品贸易对于发展中国家的重要性愈加突出

对于很多国家，特别是发展中国家，水产品贸易是其增加外汇收入、提高就业和保障食品安全的一个重要手段。对于一些岛国（如冰岛、马尔代夫等）而言，水产品国际贸易的收入在出口产品总收入中所占的比例超过50%。发展中国家在水产品贸易中所获得的外汇净收入已经远远超过水稻、咖啡和茶等其他农作物种类。

二、国际水产品贸易的影响因素

国际水产品贸易自20世纪70年代以来出现了快速增长，但从20世纪90年代后期开始一直保持基本稳定的态势，其中一个主要原因就是20世纪90年代后期亚洲经济的疲软和日本长期以来经济危机的影响。亚洲地区很多国家的货币经历了大幅贬值，从而限制了他们的进口能力，包括水产品的进口能力。由于这些国家中有着水产品消费大国，因此他们购买力的下降导致全球水产品贸易增长趋缓。尽管20世纪90年代后期亚洲一些国家遭遇了金融危机，但由于美国和欧洲在整个20世纪80年代及90年代的经济势头表现强劲，再加上很多国家贸易壁垒的减少，世界水产品贸易并没有出现衰退。世界水产品贸易发展的影响因素很多，包括制度、管理手段、环境、技术、消费习惯等。

1. 沿海国家沿岸专属经济区的实行

将沿岸专属经济区对别国捕捞进行限制是一个具有里程碑意义的行动，虽然这一行动最初遭到了国际社会的抵制，但渐渐地有更多国家开始效仿这种领地管辖权的扩张行动。到1976年美国、日本宣布其沿岸专属经济区时，已经有37个国家将他们的领地管辖权从国际法公认的面积向外扩展。到20世纪80年代中期，所有的沿海国家实际上都采取了这一行动。这一行动一方面对那些原本依赖于远洋船队在这些地区自由捕捞的国家形成了极大的限制，使得这些国家的水产品行业受到了巨大冲击，从而为了满足国内的需求而不得不从其他国家大量进口；另一方面，在专属经济区内拥有富饶渔场的国家，可以在限制外国捕捞的同时增加国内的捕捞产量，随之出口也得到了增加。

2. 一些与环境保护和渔业管理有关的因素

环境的恶化以及对渔业资源的不合理开发利用，会导致本地区渔业资源的退化，从而增加其对进口水产品的依赖；其次不可预测的自然因素也会对水产品贸易造成极大的影响，例如严重的厄尔尼诺现象在1982~1998年沉重打击了南美的捕捞产业。

3. 水产养殖业的发展

水产养殖业的发展不仅给水产品行业带来了革命性的发展，最终加强了若干国家在世界水产品贸易中的重要性，从而对世界水产品贸易格局产生影响。现在一些发展中国家，充分利用国内丰富的渔业资源和廉价的劳动力，已经开始采用相对复杂的水产养殖方式，生产高价值水产品，并积极开拓发达国家的市场。水产养殖具有传统捕捞渔业所不具有的优势，水产养殖产品的品质稳定，并且可以全年生产，具有相对可预测的供给量，还可以避免和减少与水产品贸易相关的不确定性。随着水产养殖业产量的提高，一些先前很少为人接受的品种现在也都有了很高的消费量。

4. 增值水产品生产的扩张和冷冻、包装技术的革新

增值水产品生产的扩张和冷冻、包装技术的革新促进了水产品贸易品种的多样化和贸易数量的增加。加工技术的发展使得水产品得到了更为充分的利用，相对于传统方法更能保持原产品的稳定性并提高产品的品质，而现代冷冻技术和先进的包装技术则进一步提高了产品的价值，为水产品的销售创造了新的机会。特别是随着更坚固、更绝热的包装盒的引进，使空运途中的防漏技术得到完善，确保新鲜鱼类能够运往世界各地。同时，空运成本的降低提高了某些水产品的消费普及率，促进了水产品贸易的增长。

5. 消费者饮食习惯的改变

一般来说，水产品的主要进口国是发达国家，这些国家饮食习惯

的改变也会对世界水产品贸易造成冲击。随着水产品相对于其他蛋白质来源对健康的更大好处被越来越多的消费者认识，其消费量在提高，而一些品种实际价格的下降也在很大程度上提高了公众的接受度。例如，在美国红色肉类的消费正在日益下降，逐渐被不断增长的鸡肉所取代，水产品在其中也正在扮演越来越重要的角色。相比之下，日本的水产品消费却呈现出下降的趋势，尤其是对腌制鱼类和鱼子这样的传统品种的消费需求下降更为明显；而红色肉类和其他西式食品的消费在20世纪80年代和90年代都呈现出增长的势头，21世纪以来保持缓慢增长。

6. 水产品行业的整合

虽然水产品行业的分布和组织结构非常分散，但也表现出不断整合的趋势。大型远洋船队不仅可以周游世界，而且还可以在船舱中对产品进行一些简单的卸货前加工及储藏。现在很多国家在本国的离岸渔业生产中使用着大型、装备精良的捕捞船和加工船。与此同时，水产养殖业也对水产品行业的整合产生影响，一些企业尤其是垂直型综合企业，拥有饲料、水产养殖企业和加工企业，这在虾类和鲑鱼养殖中尤为典型。近几年出现的另一个显著变化是以权利为基础的渔业管理体系的引进，如捕鱼配额的转让。这种因素在某些情况下对水产品行业的整合也做出了一定的贡献。这种管理方法导致少数代理人囤积大量特定地区特定鱼类的可捕捞份额，可以减少水产品供应的不确定性，并且吸引大量投资。整合还会促进主要的水产品生产商和贸易商垂直合并为跨国公司，这种公司制组织在水产品的生产、营销和战略性组合方面起到了重要的协调作用。

三、我国的水产品贸易的特点

我国水产品对外贸易大幅增长，一方面得益于国际市场对水产品需求的持续增长，在这种需求拉动下，水产品价格不断上扬，促进了水产品出口；其次得益于我国水产品行业产业结构的战略性调整，出口品种趋于高价值，且深加工比例不断增加，出口附加值不断提高；再次外国资本在我国投资办厂热度不减，推动了我国水产品原料加工和来进料加工贸易的发展，促进了进出口同步增长。

1. 养殖品种主导我国水产品出口

我国作为世界水产养殖大国，水产品养殖产量约占世界的68%。养殖水产品不仅满足了国内水产品供应，且对我国水产品的对外贸易也起到了重要作用，主导了我国水产品出口。

2. 贸易方式以一般贸易方式为主

一般贸易和加工贸易的贸易量、贸易额都有了不同程度的增长，加工贸易出口增长快于一般贸易，但仍以一般贸易方式为主。一般贸易出口的主要是名优特水产品，其出口增长表明我国水产品生产特别是养殖生产不断得到优化。加工贸易出口的主要是来进料加工鱼片，随着我国水产品加工技术不断进步，加工贸易出口在未来的增长前景看好。

在地区分布上看，山东和辽宁主要从事来料加工贸易，广东、浙江和福建主要是一般贸易。从事来料加工贸易的企业多属于外资企业，利用我国廉价的劳动力，利润多由外商所得，这种贸易方式在国际贸易中给我们带来的利益相对较少，只是为我国提供了就业岗位而已。因此，扩大一般贸易出口是目前增加我国水产品出口的根本策略。

3. 出口基本形成区域分布

我国水产品进出口主要集中在经济相对比较发达的地区，又以沿海地区为主，山东、广东、辽宁、浙江和福建是出口额最高的5个省。东部沿海地区是我国实行改革开放较早的地区，优越的地理环境以及享受国家优惠的发展政策，使得该地区经过20多年发展，经济活动的国际化程度越来越高，水产品国际贸易也得到了极大的发展。围绕着水产品养殖出口原料基地建设，水产品加工厂快速向养殖基地转移，优势水产品产业带正在逐步形成。水产品出口已开始呈现出明显的地域性分布：烤鳗出口主要集中在福建省，对虾和罗非鱼出口主要集中在广东省和海南省，大黄鱼出口主要集中在浙江省，河蟹出口主要集中在江苏省，而胶东半岛则已成为世界著名的冻鱼片加工出口基地。

4. 水产品国际贸易仍相对集中

我国水产品国际贸易市场趋向多元化，不论是贸易伙伴数量还是贸易种类都有了很大的增加，水产品国际贸易化程度越来越高。但是出口市场相对集中的局面仍未得到根本的改变，日本、韩国、美国和欧盟仍然是我国水产品的主要目标市场，但集中程度有所改善。

5. 鲜活、冷冻和深加工协调发展

由于水产品消费特性，鲜活类水产品始终受市场欢迎，特别是亚洲市场，近年我国出口到日本和韩国的活鱼增长率超过了10%。冷冻水产品仍然是我国水产品出口的主导产品，小包装、便利化产品所占比重逐步提高。在确保传统冷冻产品出口的同时，企业更重视具有自主知识产权、高附加值、高技术含量的精深加工水产品。目前，除烤鳗、面包虾、调味虾等深加工产品的出口在原有基础上再度大幅增长外，一些新型的加工产品如面包罗非鱼、调味贝类、深加工螃蟹等出口势头强劲，规模不断扩大。

四、世界水产品市场展望

1. 世界水产品生产、消费和贸易趋势的预测

根据FAO对全球水产品市场的预测，得出了未来世界水产品生产、消费和贸易的大致趋势：①世界水产品产量、消费量、需求量和人均水产品消费量将保持增长，但是这种增长的速度将随着时间的推移而减缓。②世界捕捞产量预计停止增长，而世界水产品养殖产量则继续增长，但增长速度较过去有所减慢。③发达国家的消费格局反映出将需要并进口高成本、高价位的品种。④发展中国家的贸易流反映出将出口高成本、高价位品种，并进口低成本、低价位品种。

2. 世界水产品生产预测

预计2030年世界水产品产量将达到1.76亿吨，但是增速随着时间的推移减慢。世界捕捞渔业产量将会停滞不前，小的远洋鱼、深海鱼仍将是整个捕捞渔业中的主要种类。世界水产养殖产量预计还会继续增长，虽然增速也较之前下降，并逐渐过渡到以淡水品种及软体动物养殖为主。发展中国家（特别是亚洲国家）仍将主导世界水产品的生产，其产量在世界总产量中的比例将会从20世纪初的75%上升到2015年的81%，发达国家则会下降到19%。

3. 世界水产品需求预测

世界水产品的需求量在 2015 年达到 1.83 亿吨,其中食用水产品的需求量为 1.37 亿吨。人均水产品需求量在 2010 年为 18.4 千克,2015 年达到 15.1 千克。同过去相比,未来 10 年人均需求量的增幅是趋缓的。

对食用水产品需求的增加量中 46% 是由于人口的增加,剩余的部分则因为经济的发展和其他因素。世界对鱼油和鱼粉的需求在 2010 ~ 2015 年间增长率为 0.5% 。然而发达国家对鱼粉的需求预计是减少的,每年减少 16% ,2015 年世界对非食用水产品的需求量为 4 500 万吨左右。

4. 世界水产品价格变动所导致的消费和供给变动的预测

对未来水产品产量和需求量进行比较就可以发现,需求量超过了潜在产量,这将会导致水产品价格上升,消费者也将会转向消费其他替代品。

价格的提高会对低收入消费者造成较严重的影响,由于水产品价格的上升,2010 年世界水产品消费量预计为 1.65 亿吨,比起价格相对不变下,2015 年世界水产品消费量预计为 1.79 亿吨,比价格不变下预计的水产品需求量少了 380 万吨。而另一方面,较高的价格刺激了水产品的供给,2015 年的供给量可能会比预计的产量分别增加 710 万吨。

5. 世界水产品消费预测

尽管全球的人均水产品消费量将有所增长,预计到 2030 年人均消费量为 19 ~ 21 千克,但各个地区的情况差别将会很大。到 2030 年在某些地区,预计人均水产品消费量会有增长,如南亚可增长约 60% ,拉丁美洲和加勒比海地区可增长约 50% ,而中国则会增长 84% 以上,成为世界上水产品消费增幅最高的 3 个地区。在另一些地区,水产品消费量则保持原水平或有所下降,如非洲可能减少 3% ,亚洲远东地区可能减少 17% ,大洋洲发展中地区可能减少 8% 。亚洲水产品消费的增加,原因在于该地区人口和收入的增长,日本的人均消费量在该地区仍居首位。另外,非食用水产品在总产量中所占的比例将下降。

在全球范围内,消费方式的改变反映在对半成品食品或即食品的需求增长上,超级市场为在远离海洋的地方销售海味提供了很大方便,人们健康意识的增强也在改变着消费方式。水产品加工部门已显示出它们有能力进行调整和创新,而超级市场则对供人类消费的水产品的来源和形式具有持久的影响。水产品的提供者会在总体上从所有的这些变化中受益。

6. 世界水产品贸易预测

由于发展中国家水产品消费量的增长超过产量的增长,故预测就发展中国家整体而言将会减少总的净出口量,2010 年出口量达到 1.06 亿吨,2015 年则会有微弱下降,到 1.03 亿吨。就地区而言,拉丁美洲和加勒比海地区净出口量仍将保持在较高水平,中国会由于其水产养殖业的持续发展也增加其净出口量。中国、印度和拉丁美洲将会是净出口方,但是只有拉丁美洲会出口其产量中很大一部分。发展中国家将仍是低价品种的净进口方,高价品种的净出口方,水产品被认为是世界上大部分贫穷人群的重要蛋白质来源,而出口高价位的产品可以作为收入的重要来源,也可为当地市场增加一些高价位品种提供补偿。随着城市中产阶级的出现,高价品种进口在增加,南南贸易也在增加,发展中国家将会成为未来水产品出口的重要新兴市场。

第二节 水产品主要贸易壁垒

贸易壁垒包括关税壁垒和非关税壁垒。关税壁垒是指一国对进口商品征收较高的关税,使其丧失市场竞争力,来限制商品进口所造成的贸易壁垒;非关税壁垒是指关税以外的一切限制进口的措施所造成的贸易壁垒,包括经济的、技术的、商业的、法律的、行政政策的各种措施。

随着经济全球化和贸易自由化进程的加快,关税逐渐降低,但以技术法规、技术标准、认证制度等为主要内容的非关税壁垒突现出来,成为最普遍、最难以应对的贸易壁垒。客观分析和研究各种非关税壁垒,采取积极有效的措施,对水产品国际贸易的顺利发展具有十分重要的意义。非关税壁垒在水产品贸易中主要表现为以下几种:技术性贸易壁垒、绿色壁垒、反倾销、反补贴和进口许可证等。

一、国际水产品贸易中常见的非关税壁垒

1. 技术性贸易壁垒

技术性贸易壁垒是现代国际贸易中商品进口国在实施贸易进口管制时,通过颁布法律、法规,建立技术标准、认证制度、检验制度等方式,对外国进口商品制定过分严格的技术标准、卫生标准、商品包装和标签标准,从而提高产品技术要求,增加进口难度,最终达到限制进口的目的。在水产品贸易中表现突出的技术壁垒是 HACCP 体系检验项目。国际食品卫生通则对它的定义是:鉴别、评价和控制对食品安全至关重要的危害的一种体系。

技术性贸易壁垒已不仅限于对水产品本身的品质要求,而是延伸到水产品生产、加工过程及相关的生态环境。技术壁垒包括安全壁垒、卫生壁垒、包装标志壁垒和信息技术壁垒,其主要特点是:种类多,要求严,让出口国防不胜防或很难达到;设计精心,针对性强;实施灵活方便;利用技术标准、法规实施方法的不同,起到贸易壁垒的作用。

合理利用技术性贸易壁垒有利于保障人民健康和安全,提高生活质量,有利于保护生态环境,实现可持续发展。但是技术性贸易壁垒也阻碍了水产品的出口,增加了水产品出口企业的认证成本,削弱了价格竞争优势,同时技术性贸易壁垒的扩散效应会殃及无辜产品的出口。

2. 绿色壁垒

水产品绿色壁垒主要包括绿色技术标准、绿色环境标志、绿色包装制度、绿色卫生检疫制度和绿色补贴。绿色壁垒提高了水产品国际贸易的门槛,加大了水产品国际市场开拓的难度;进一步加强了发达国家对世界水产品贸易的控制,使发展中国家任其摆布;加大了出

口水产品的生产和经营成本，削弱了其国际竞争力。

水产品绿色壁垒从本质上说应该是技术性贸易壁垒的一种，但因其主要以保护环境和人类健康为由，比其他技术性贸易壁垒措施更具隐蔽性。所谓绿色壁垒是现代国际贸易中进口国以保护人类健康和环境为名，通过颁布、实施严格的环保法规和苛刻的环保技术标准，增加进口难度，以限制国外产品进口的贸易保护措施。这些规定十分复杂，而且经常变化，使外国产品难以适应，从而起到限制外国产品进口和销售的作用。同时由于这些措施只有表面上的合法性、隐蔽性强等特点，必将成为21世纪发达国家实施贸易保护主义的主要手段和高级形式。

小 知 识

绿色壁垒的由来

一些国家为了达到保护本国产业与市场的目的，采取了一系列贸易限制措施，其中绿色贸易壁垒是自20世纪90年代以来，发达国家使用最频繁的一种，也是当今国际贸易领域主要的贸易壁垒之一。在国际文献中并没有“绿色壁垒”一词，绿色壁垒也称为环境壁垒。“绿色壁垒”可以说是我国自己创造的一个新词，在国际上并没有权威的定义。绿色壁垒是指那些为了保护生态环境而直接或间接采取的限制甚至禁止贸易的措施。通常，绿色壁垒应是进出口国为保护本国生态环境和公众健康而设置的各种环境保护措施、法规标准等，是对进出口贸易产生影响的一种技术性贸易壁垒。

3. 反倾销

反倾销是WTO认定和许可的贸易保护措施，是国际通行的有效手段，也是用来对付非公平竞争的必要工具。倾销是“一国产品以低于正常价值的办法挤入另一国贸易领域内，并因此对该国领土内已建立的某项工业造成重大损害或产生重大威胁，或对某一国内工业的新建产生严重阻碍”的行为。因此，反倾销已构成WTO多数成员国对外贸易政策的重要组成部分。

反倾销对水产品企业造成的影响和损失是巨大的，征税幅度大，持续的时间长，具有连锁效应而且对产品倾销的确定有时带有很强的主观性。

4. 反补贴

目前各国对水产品行业或多或少都有补贴。根据联合国粮农组织的调查显示，目前全世界对水产品行业的补贴达到了70亿～150亿美元，影响到35%的海洋渔业种群的可持续利用。特别是发达国家对捕捞渔业的补贴尤为显著。目前，国际社会对由于渔业补贴造成海洋渔业资源的破坏极为关注，相信在未来几年渔业的补贴问题将成为争论的焦点，各国的反补贴措施也将随之出台。随着发展中国家水产品贸易的进一步扩大，一些优势水产品的出口将会面临这个问题。

5. 进口配额制和许可证制

这是一种通过规定进口国的进口数量和繁杂的行政审批手续来达到限制进口的一种手段。它们是非关税壁垒中简单易行而又行之有效的限制进口的方法，尤其是与进口配额挂钩的进口许可证限制进口的作用很大。

6. 动植物检疫制度

动植物检疫的对象是进出国境的动植物体内是否含有危害人类生命和健康的药物和有毒物残留、寄生病虫害、超标细菌以及食品添加剂成分等。目前水产品遭受进口限制主要由检验不合格而引起。各国的动植物卫生检疫措施和规章以及规定的标准都或多或少地存在着妨碍水产品国际贸易的现象。

7. 保障措施

保障的目的是为了维护国际收支平衡，保护幼稚工业，实施反补贴和反倾销以及保护本国资源、环境和安全等。保障措施涵盖的内容非常广泛，它的贸易壁垒作用也非常明显。保障措施的实施后果有：一是严禁进口，二是征收高额附加税。

8. 生态标签

英国海洋管理委员会率先在英国联合几大国内超市实施所谓的生态标签制度，其目的是为了增加消费者对海洋渔业资源的关注。

根据FAO统计，目前世界上35%的海洋渔业种群已被充分或被过度利用。为确保海洋渔业资源的可持续利用，英国海洋管理委员会提出使用生态标签来管理海洋渔业资源。这样会暗示消费者更多地关心海洋生态环境，不要购买有损于环境的水产品。此项措施的实施会成为新的非关税壁垒，对发展中国家的出口特别是远洋和近海捕捞的水产品出口产生影响。

二、主要发达国家和地区的水产品贸易壁垒

一些发达国家和地区制定了一系列的技术性贸易壁垒来保护国内一些利益群体和消费者，限制其他国家相关产品的进口。我国4个主要出口市场在“合理目的”的掩盖下，针对水产品相继采取了各种技术性贸易壁垒来限制外国水产品的进入，使我国水产品出口贸易面临越来越严峻的考验。

1. 日本市场

(1)主要水产品贸易壁垒　日本是我国最大的水产品出口市场，其对进口水产品设置的技术性贸易壁垒多而且要求高，在有关健康、卫生、包装、标签等方面要求严格，审核程序复杂。

日本对食品的安全卫生指标十分敏感，尤其对药物残留、放射性残留、重金属含量要求日趋严格。关于水产品中抗生素、激素、渔药的使用都有严格的限制，对允许使用的药品制定了严格的最高限量标准。日本检验体系所依据的法规是《食品卫生法》。根据规定，只有由政府的检验机构或厚生劳动省授权的57个实验室才有权进行检测，进口的水产品只有在微生物、药物残留等方面检验合格后方可通关。2003年7月，日本国会通过《食品卫生法》修正案，主要内容是强化监测、检查体制，并引进HACCP食品卫生安全控制体系，规定对进口水产品全部实行HACCP体系认证，并要进行安全指标的检验。2006年5月29日起正式实施的《食品中残留农业化学品肯定列表制度》与原有标准相比，关于水产品中药品残留的规定可以说是更全面、系统和严格。同时，日本还对进口水产品的国外厂商实施卫生注册制度，只有取得日方认证的企业，其加工的水产品才能进入日本市场。这就要求我国水产养殖加工企业必须按照日本制定的

要求不断改进生产工序,完善加工设施,提高产品质量。

日本通过技术法规对产品标签标志做了具体的规定,符合规定的进口商品必须贴上认证标志才能在日本市场上销售。日本农林水产省在2003年6月公布了对进口鱼类原产地标志的最新规定,其中对原料原产地的要求,由6种水产品扩展到9种。而具体的产品标志中又包括细节的要求:原料的名称、原料的原产地以及标注是解冻品还是养殖品等,并且对部分水产品还要求标明原生产水域等。经修订的《农林物资规格化和质量标示标准法规(JAS)》规定从2004年7月1日起,对制造、加工、进口的加工食品都要执行新的商品明确标记制度,其标示内容包括产品名称、制作原材料、包装内的容量、流通期限、保存方法、生产制造者名称(进口产品还要标明出口国和生产区域名称、进口商的名称或个人姓名)以及详细的地址。

(2)对我国水产品出口的影响　2002年2月,借助欧盟对我国动物源性产品封关,针对我国活鳗鱼及冷冻鳗鱼检查包括氯霉素在内的11项药物残留;2002年4月,对我国活鳗进行逐批检查磺胺类药物残留;2002年6月,日本各食品检疫所开始对鳗鱼实施汞含量的检查监控。由于这些限制措施的实行,与2001年相比,我国输入日本活、鲜冷和冻鳗鱼产品出口量减少约7 000吨,出口额减少1 146万美元。2003年7月,日本又针对我国全部鳗鱼加工品实施恩诺沙星药物残留检查,致使鳗鱼出口几乎停滞。2003年10月,厚生省宣布对中国产虾产品进行金霉素检查,造成我国在2004年鲜冷对虾输日量下降67.5%,出口额下降47.2%;冻大螯虾出口量下降84.7%,出口额下降84.5%。2008年4月,日本通过了《食品卫生法执行条例的修正案》,其中根据含过敏物食品的标签标准,将对虾、小虾、龙虾和螃蟹纳入了强制性标签项目,对我国未来虾类产品的出口造成了一定的障碍。

2. 美国市场

(1)主要水产品贸易壁垒　美国在进口水产品的技术性贸易壁垒方面有自己的体系。美国食品与药物管理局(FDA)负责进口水产品的质量安全的监管,进口商必须确保进口水产品符合联邦法规的要求。1995年FDA颁布了《水产品HACCP法规》,并于1997年开始对进口水产品实施 HACCP 管理法规的要求。该法规要求进口水产品企业要同美国本土水产品企业一样必须建立 HACCP 体系，否则其产品不得进入美国市场。我国进入美国市场的水产品首先要通过国家检验检疫机构评审，取得输美产品的 HACCP 认证证书，并经美国 FDA 备案后才能进入美国市场。

FDA 对进口水产品实施严格的抽样检测制度。水产品中不得检出致病菌、单胞增生李斯特菌和霍乱弧菌，并且对细菌总数、沙门菌、致病性大肠杆菌、金黄色葡萄球菌有严格的限量指标。FDA 要求在水产品抽查检测 221 类农药抗生素和兴奋剂类残留，并明文规定氯霉素和磺胺等 11 种药物禁止使用。因为“氯霉素事件”，FDA 对我国水产品氯霉素的检测加大了抽样比例，每个货柜要抽 6 ~ 12 个样品，不做混合样，只有所有样品的检测结果全部合格才能通关，只要有一个样品的检测结果为阳性，整批产品就判为不合格。只要在水产品中检出问题，除了对该批货物进行销毁、退货等处理外，美方将把该批食品的生产企业列入不经检验即自动扣留的名单中。如果从一个地区的某一产品中检出的问题较普遍，则会将整个地区列入名单中。此外，美国在产品标签方面具有非常严格的规定，对食品标签的形式、字体的大小、线条的粗细等都有明确的规定。

（2）对我国水产品出口的影响　2002 年 1 月，FDA 禁止在动物源性食品中使用氯霉素、磺胺类等 11 类药物，要求在水产品抽查检测 221 类农药、抗生素和兴奋剂类残留；2002 年 5 月，路易斯安那州农林部通过紧急法案，对中国进口的所有小龙虾和虾类产品进行氯霉素检测。因此，2003 年与 2002 年相比，我国输美的冷冻淡水小龙虾仁和冷冻淡水带壳小龙虾的出口量和出口额分别减少约 633 吨和 106 万美元。

3. 欧盟市场

（1）主要水产品贸易壁垒　欧盟的技术性贸易法规是由欧洲委员会（EC）提出立法建议，并提交到理事会和欧洲议会审议批准，审议通过后以法令、规章的形式颁布，并在成员国实施。

欧盟对进口水产品的检验要求也非常苛刻，检验项目多达 100 余项，包括新鲜度化学指标、自然毒素、寄生虫、微生物指标、环境污染的有毒化学物质和重金属、农药残留、放射线等。2004 年 8 月,欧盟要求检测进口水产品药物代谢物的残留量,而过去检测的仅是水产品药物残留量。

(2)对我国水产品出口的影响　1996 年 12 月,停止从中国进口活双壳贝类、棘类、被囊类和海洋腹足类动物,致使我国失去了欧盟这个主要的贝类消费市场,造成巨大的经济损失。1997 年 6 月,禁止进口中国的鲜活水产品,并对来自中国的冷冻和加工水产品采取逐批微生物检验的措施,造成 1998 年我国输欧活鱼出口量和出口额分别下降 71.1% 和 66.8%;未列名鲜冷鱼的出口量和出口额分别下降 83.5% 和 61.5%。2001 年 9 月,对来自中国的虾要逐批检验,致使 2002 年与 2001 年相比,我国虾产品输欧量减少约 1.8 万吨,出口额减少 7 000 多万美元。2002 年 12 月,禁止从中国进口动物源性产品(肠衣和公海捕获直接运抵欧盟市场的鱼类产品除外),这一禁令的颁布造成我国当年出口欧盟水产品贸易量和贸易额同比下降了约 50%。同时,其他国家纷纷效仿,针对我国水产品制定了严格的限制措施,严重影响了我国水产品的出口贸易。2008 年 8 月,欧盟委员会引入了更新的动物卫生要求,适用于供人消费的鱼、双壳类软体动物、有壳类动物以及水生动物源性产品。

4. 韩国市场

(1)主要水产品贸易壁垒　韩国为了保护本国水产品行业免受、少受市场开放和进口产品增加的冲击,根据国内《水产品质量管理法》、《食品卫生法》、《对外贸易法》等,利用卫生标准、检验检疫等政策法规重重设限。

《水产品质量管理法》是韩国对水产品质量、安全卫生进行综合管理的法律。该法律规定,为确保水产品的安全和质量,韩国海水部必须对处于生产阶段的水产品及生产水产品的水面、渔场、器材等进行重金属、贝类毒素、食中毒菌、抗生素残留及海水部制定的有害物质含量进行检查;对包装阶段水产品、库存水产品根据《食品卫生法》等相关法律进行残留基准检查,以上简称之为“安全性检查”;海水部可根据申请者的要求随时对水产品进行质量、规格、成分、残留物等的检测;该法还要求根据《对外贸易法》规定对水产品进行原产地标志（进口活鱼除外），对转基因水产品也要特别标注。

此外，韩国还规定出口水产品的加工厂应符合进口国的卫生管理标准，经出口国检验检疫机构注册登记后，对注册登记的加工厂进行定期检查。对加工过程中可能混入的对人体构成危害的物质进行监督检查，并向进口国检验检疫机构通报注册登记工厂名单，进口国的检验检疫机构可对已注册登记的加工厂进行抽查。同时，在出口水产品包装上应以不易损坏的方法印制或标明品名、国家名和注册登记加工厂名称及注册编号。

（2）对我国水产品出口的影响　2002 年 6 月，对中国输韩的鲜活淡水鱼采取“先精密仪器检查，后通关”的检疫措施，致使活鱼死亡率上升，增加了水产品出口企业的成本。2002 年 7 月，韩国检验检疫机构对中国产的甲壳类水产品实行了批批检测氯霉素的严格措施。由此 2003 年与 2002 年相比，我国冻甲壳类产品输韩量减少 4 400 多吨，出口额减少约 1 500 万美元。2007 年 12 月，韩国公布了水生动物疫病控制法案，要求所有向韩国出口活水生动物（如鱼、软体动物及虾）必须声明无法案中所列疫病。同时，国家水产品质量检验局是进行活水生动物国际贸易的边境站，提供检疫服务及制备国际水生动物健康证书，这无疑增加了我国水产品出口企业的出口成本，不利于我国水产品的对韩出口。

第三节　水产品的非传统贸易壁垒

作为世界最大的水产品养殖国、生产国和贸易国，中国的渔业在世界上具有举足轻重的地位，水产品的出口也对推动中国国民经济的发展具有积极的意义。然而非传统贸易壁垒却制约着中国水产品出口的增长。从中国水产品出口的国家及地区分布来看，目前仍集中于欧盟、美国、日本、韩国和东盟五大市场。出口市场集中，可能导致进口国采取非传统贸易壁垒对中国的水产品出口设限。而中国的水产品多是初级产品，附加值低，也极易导致进口国借故对中国出口的水产品实施非传统贸易壁垒，限制中国水产品对其出口。

一、非传统贸易壁垒的界定及特征

（一）非传统贸易壁垒的界定

非传统贸易壁垒指当事国通过充分利用 WTO 规则的漏洞，援引 TBT、SPS 等协议的例外条款，将环境及健康安全的考虑扩大化，采取以技术标准、检疫标准、卫生法规为核心的所有阻碍商品自由流动的新型非关税壁垒。

（二）非传统贸易壁垒的特征

1. 针对性贸易保护程度相对较高

非传统贸易壁垒回避了分配不合理、歧视性等分歧，对国别没有限制、一视同仁，这意味着一旦采取此类措施，将对所有该类产品的进口设置障碍。因此，对某类产品的保护程度相对提高。

2. 成本增加幅度大

非传统贸易壁垒从两方面影响出口方的成本：一方面，在信息不对称的情况下，出口方难以把握目标市场的情况造成风险成本加大，若信息相对封闭，则潜在的风险成本直接转化为生产者的净损失使出口方受损；另一方面，为弥补信息不对称所额外支出的信息成本将直接计入最终成本之中。

3. 政府行为及非政府行为并存

非政府行为是指由非政府机构制定、应用技术标准，并且对产品进行合格认证的行为。在国际条约和各国实践中，非传统贸易壁垒存在着政府行为和非政府行为的并存性，由于政府与非政府组织都可以断定某类产品未达到本国标准。因此，客观上增加了非传统贸易壁垒的数量。

二、我国主要目标市场国的非传统贸易壁垒分析与比较

（一）欧盟水产品主要非传统贸易壁垒的分析

随着欧盟内部管理体制的不断完善，先后制定并颁布了大量技术法规与标准以及相应的合格评定程序和卫生检疫措施，逐渐形成

了统一的非传统贸易壁垒政策体系。

1. 安全壁垒及卫生壁垒

第一，欧盟要求水产品加工企业必须实施“自我检查”；第二，明确提出进行危害分析、风险评估和提出预防措施，提出 HACCP 体系要求；第三，要求企业必须实施 GMP；第四，对进口水产品检验新鲜度化学指标、自然毒素、寄生虫、微生物指标、环境污染的有毒化学物质和重金属、农药残留、放射线等 63 项。

2. 生产技术壁垒

欧盟具有由上层约 300 个具有法律效力的欧盟指令与下层上万个技术标准组成的两层结构的生产技术壁垒管理体系。例如，外国产品要进入欧盟市场流通，至少需满足以下条件之一：第一，取得欧洲标准化委员会 CEN 认证标志；第二，取得欧盟安全认证标志 CE；第三，通过 ISO 9000 认证。

3. 绿色壁垒

1993 年 7 月，欧盟正式推出了欧洲生态标志（Eco-label），只有有此标志的商品才可以在欧盟统一市场内自由流通。从 2005 年 1 月 1 日起，欧盟对进口水产品实施“可追溯标签制度”，一旦水产品出现问题，可马上通过标志追溯到水产品的源头。

（二）美国水产品主要非传统贸易壁垒的分析

作为技术强国，美国的非传统贸易壁垒有其独特的优势。目前，美国消费的 70% 海产品来自进口，造成经济赤字大约 70 亿美元。美国政府设置了标准苛刻的贸易壁垒体系，具有较强的保护主义色彩。

1. 安全及卫生壁垒

主要表现在：①HACCP 管理。1994 年，FDA 公布了在水产品中强制实施 HACCP 管理。②自动扣留。凡施以“自动扣留”措施的进口产品运抵美国后，必须经美国当地 FDA 认可的实验室检验合格后，海关才准予放行。

2. 生产技术壁垒

美国标准体制的特点在于其结构的分散化。联邦政府负责制定强制性标准，而除此之外相当多的标准则为“自愿标准”，高度分散的体制造成技术标准极其繁杂，向美国出口产品可能会涉及几个甚至十几个由不同机构制定的相关法规与标准，增加了出口难度。

3. 绿色壁垒

1995 年 6 月，FDA 作出规定，凡出口到美国的鱼类及其制品必须贴上由美方证明的来自未污染水域的标签。美国 2005 年 4 月起对进口水产品实行“原产地标签制度”，所有产品须标明原料、制造分别在哪个国家进行。

4. 信息技术壁垒

美国进口企业还经常采取网上交易等电子商务方式，而我国大部分水产品出口企业仍采取传统的贸易方式，信息技术壁垒也影响了我国水产品出口的进一步发展。

5. 产品成分壁垒

1995 年 9 月，FDA 颁布《营养标签和指导法令》，要求销售的强化食品必须加附营养标签，营养标签上应包括食品单位、包装份数、营养成分以及膳食参考信息。严格的制度给外国企业甚至本国企业构成了极大的成本压力，对大多数不具备条件的国家而言，无疑相当于进口禁止措施。

（三）日本水产品主要非传统贸易壁垒的分析

1. 安全及卫生壁垒

日本依据对入境的鲜活水产品、冷冻水产品、生干水产品及其他类产品实行近乎苛刻的检疫、防疫制度。其监控体系共有 3 个：一是出口检验体系，二是国内消费水产品检验体系，三是进口检验体系。此外，日本厚生劳动省制定的农药残留标准（MRLS）比世界平均水平严格得多。

2. 生产技术壁垒

日本的技术法规和标准不但繁多，而且指标先进、要求严格。外国产品进入日本市场时，不仅要符合国际标准，还必须与日本标准相吻合，否则将被拒绝进口。对于进口水产品规定要全部实行 HACCP 体系认证。

3. 其他壁垒

日本实行严格的标签制度，在日本市场上销售的各类水产品等必须加贴标签，并且提供产品名称、产地、生产日期、保质期等多方面的信息。其中鱼类等水产品的信息提供，除商品种类和产地外，还要有是否属于养殖品、天然品、解冻品等具体细节。

（四）韩国水产品非传统贸易壁垒的分析

1. 安全及卫生壁垒

韩国对中国农产品（包括水产品）的残留检测多达 100 多项。根据《中韩水产品卫生条件》规定，中国出口到韩国的水产品通关时要接受韩方的金属探测检查，一旦检出金属异物，全部货物将予以退货或销毁。

2. 生产技术壁垒

韩国除对水产品的外观、规格和新鲜度有明确规定外，对进口水产品的激素、农药残留、重金属及其他有害物质等的含量标准也都有严格甚至是苛刻的规定，有些专门针对中国水产品的规定明显高于国际通用规则，一旦检验不合格就全部退货。

3. 其他壁垒

韩国形成了一套较为完善的质量认证与合格评定制度框架，主要包括：标志认证制度、ISO 9000 认证、国家标准 KSA 9000、ISO 14000认证、环境标志制度等，这些认证形成了新的贸易壁垒。

（五）东盟水产品非传统贸易壁垒的分析

1. 印度尼西亚

（1）进口管理制度　印度尼西亚有 141 个税号的产品需要获得进口许可证方可进入印度尼西亚市场。

（2）进口禁令　自 2004 年 12 月起，印度尼西亚海洋渔业部停止进口原产于中国等 6 国的虾类产品，理由是该类产品被美国裁定为倾销。

（3）卫生与植物卫生措施　印度尼西亚《消费者保护法》规定，进口食品须在印度尼西亚食品药品监督局注册，但注册程序烦琐，费用昂贵。

2. 泰国

泰国对部分产品实施禁止进口、关税配额和进口许可等管理措施。禁止进口产品主要是涉及公共健康、国家安全等的产品;关税配额产品包括桂圆等 23 种农产品;进口许可分为一般产品许可和特殊产品许可,并规定进口许可的产品必须在得到泰国商业部批准后才能到港。

3. 马来西亚

(1)进口管理制度　马来西亚对大部分产品实行自由进口政策,仅有小部分产品禁止进口或实行进口许可管理。

(2)原产地生产商实施注册检查制度　中国的所有动物产品出口企业,均需通过马来西亚农业部和宗教事务局的联合检查注册后才能向马来西亚出口。2004 年 8 月,马来西亚对进口用于人类消费的鱼类和渔业产品中的禁用药物及药物残留进行监控。进口上述产品必须随附出口国主管机构出具的卫生证书,证明无硝基呋喃和氯霉素等禁用药物及药物残留。

(六)主要目标市场水产品非传统贸易壁垒的比较

1. 技术法规与标准的差异

第一,各国在标准制定范围上不同。以食品安全标准为例,一国对产品不制定任何标准,而另一国对该产品的成分规定具体要求;第二,各国在标准制定手段上的差异,有的国家倾向于使用内容标准详细规定产品成分,而有的国家则仅规定产品应实现的性能,不直接规定产品成分,只要保证充分安全即可;第三,对产品标准的具体要求不同。

2. 合格评写程序与卫生检疫措施的差异

如美国多实行生产企业自我合格承诺制度,要求供应商自我承诺其产品符合某技术法规或标准,并由外部的测试、认证或检验机构进行事后的市场监督对其承诺予以约束。而欧盟实行事前监督体制,强制要求生产企业必须经有资质的第三方测试认证机构来证明其产品符合有关的技术法规或标准的要求。

产生各国非传统贸易措施之间差异的原因:一是由于各国的经济、技术水平以及消费水平上的差异,加之各国消费者对质量、安全、健康等方面有不同的价值取向,各国之间必然存在差异,而合格评定程序也可能因技术水平以及历史原因或习惯而不同;二是一些国家或企业有意识地、有针对性地制定某些不同的检验与认证程序去限制或禁止其他国家的商品进入本国市场,这种人为构成的差异却具有明显的贸易保护动机。

第四章　水产品包装

全国各地的市场上鲜虾活鱼已是寻常之物,超市货架上的各种水产品罐头和休闲小食品也是琳琅满目,各种水产品经过远距离和长时间的运输流通进入寻常百姓家,做到这一切,水产品包装在其中功不可没。

包装是指利用包装材料或容器,采用一定的技术,对物品进行的一系列操作活动。这有两层含义:一是指产品的外部包扎和容器,即包装材料;二是指对产品进行外部包装的操作过程,即包装方法。在实际工作中,两方面往往难以分开,故统称为产品包装。

水产品包装是食品包装的一种,是为了在运输、储藏及销售水产品时保护其价值及原有状态,起到在流通过程中保护水产品、方便储运和促进销售的作用。

水产品的包装包括海洋与淡水捕捞渔船渔获物的装箱、冷冻、冷藏;海水、淡水养殖成鱼回捕的装筐、装箱、装袋;水产加工产品的鱼松、鱼饼、烤鱼片的塑料袋包装;罐头制品的玻璃和金属包装皮的包装以及干、咸制品的包装等。

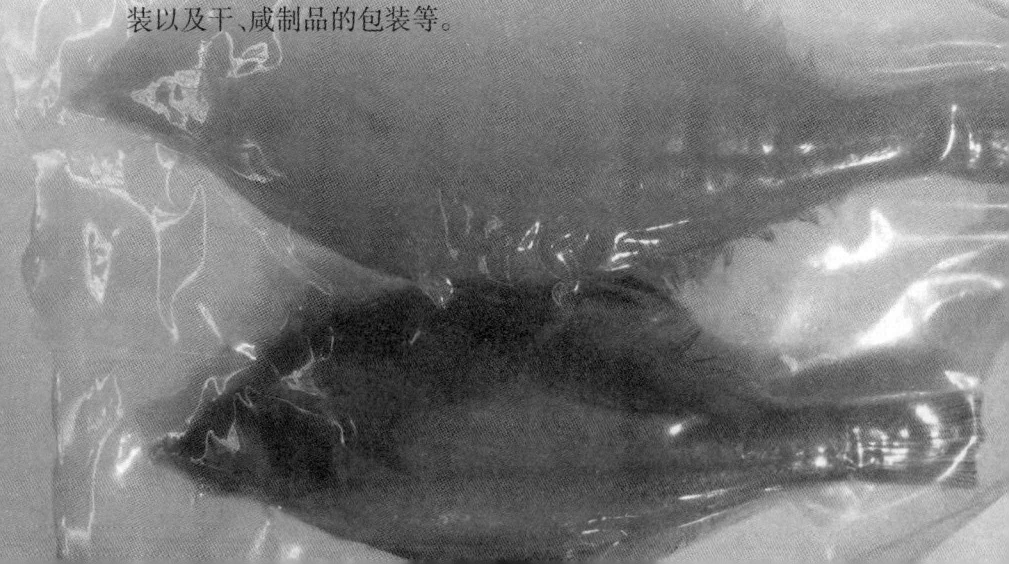

第一节　水产品包装概述

案例：国内某县水产局抓住鱼类销售旺季的时机，大力推出“大芦湖”牌鲜活鱼包装上市，在保证水产品质量的前提下，提升了水产品的档次，拓宽了销售渠道，拉动了渔业经济的快速增长。

传统的售鱼模式是由渔民将鱼捞出后批发给经纪人，再由经纪人批发给水产市场的经销商，中间环节多，价格低，鱼的鲜活质量也难以保证。为了改变这种局面，该县水产局在推出无公害水产品、绿色水产品的同时，又在销售渠道和销售方式上进行了积极探索。这次推出的鲜活鱼包装采取内用塑料袋装水充氧对鱼进行保鲜保活，外用彩印纸箱标明产地、品名、质量标准并打印“大芦湖”牌商标，产品一经推出即受到了消费者青睐，带动了当地经济的发展。

分析：俗话说，货卖一张皮。包装的优劣对于商品的销售有着重要的影响。根据水产品的特性选用合理的包装，则可带来巨大的收益。

一、水产品常用包装材料

包装材料是指用户制造包装容器和包装运输、包装装潢、包装印刷、包装辅助材料以及与包装有关材料的总称，它包括了纸、塑料、金属、玻璃、木材五大类主要包装材料，以及其他包装辅助材料。

1. 植物材料

柳条、蒲草等植物材料是农村地区最便宜的包装材料。它们既可用于制作柳条筐、草包等，又可用于衬垫，在保护商品方面十分有效。

2. 纸板

包装生鲜水产的纸板，通常采用的有单面白纸板、瓦楞纸板等，纸板一般制成纸板箱，广泛用于冷冻生鲜产品的包装和运输包装，其挺度大、物理机械性能好、生产速度快、搬动方便、保护性能好而且美观。

3. 玻璃纸

玻璃纸是一种透明度最高的高级包装纸，又称纤维薄膜。它是由再生纤维制成的，主要特性是质地非常紧密，能够隔绝外界气体对食品的污染；细菌不能够穿透，可以隔绝外来细菌的污染；低温时仍然具有足够的强度、透明美观，包装工艺操作性能良好，成本低廉等。通常情况下，加以涂塑来改善玻璃纸的耐湿性。

4. 铝箔

铝箔的特性是防潮性、气体隔绝性和遮光性等性能优异、加工成形性好、耐热性和导热性良好等。铝箔分为硬质铝箔和软质铝箔。铝箔可与纸张或塑料薄膜制成复合材料，能够改善纸和塑料薄膜的隔热性能。用它包装水产品时可直接接触，而且无污染、不透气、不散失水分和鲜味，在蒸煮温度和冷冻条件下都具有柔软性。

5. 钢片

钢片主要特征同铝箔相似，硬度较铝箔更高。为防止锈蚀需在表面镀锡或镀铬。

6. 玻璃

玻璃包装材料具有良好的气体阻隔性能，可以很好地阻止氧气等气体对内装物的侵袭，并且可反复多次使用，降低包装成本。玻璃包装材料还具有很好的透明度，很适合用来生产销售包装。同时，玻璃包装材料有良好的耐腐蚀能力和耐酸蚀能力，用来做食品包装安全卫生。

7. 聚乙烯(PE)

聚乙烯是由乙烯加聚而成的高分子化合物，这是一种广泛应用的塑料，主要有低密度聚乙烯(LDPE)、中密度聚乙烯(MDPE)、高密度聚乙烯(HDPE)3 种产品。低密度聚乙烯结晶度低，硬度小，软化点低，抗张强度较差，容易划破，气密性较差；中密度聚乙烯的防潮性、遮光性比低密度聚乙烯要好，耐热性较好，耐寒性好，可作为食品冷冻包装袋，但是单膜用于包装食品时保存期不宜过长；高密度聚乙烯可吹塑成为瓶子等中空包装容器，也可以制造成为薄膜，薄膜为乳白色，表面光泽较差，坚韧耐撕，耐寒、耐热、耐油性优良，无味、无毒、防潮、透气性好。但是，无论是低密度聚乙烯或高密度聚乙烯，其透氧率都比较高。因此，该材料不能够单独用作真空包装材料，不能阻止氧气对水产品脂肪的氧化腐败。

8. 聚氯乙烯(PVC)

聚氯乙烯是氯乙烯在引发剂的作用下，经过悬浮聚合或乳液聚合而成的，呈淡褐色，透明，韧性好。纯的聚氯乙烯是很好的耐油脂材料，其机械强度、耐磨耐压性优良，抗水性、气密性、热封性好，印刷性良好。

9. 聚偏氯乙烯(PVDC)

聚偏氯乙烯又名聚偏二氯乙烯，是偏二氯乙烯的均聚物，它无毒、无味、透明。聚偏氯乙烯与其他塑料薄膜相比，其透湿性和透气性小。其突出的性能是透氧率低，对于氧敏感的水产品为防止其脂肪氧化、减慢酸败，可以采用聚偏氯乙烯的薄膜包装，或者用它来涂塑其他材料，以达到隔绝氧气和防湿的效果。PVDC 还可以制成热收缩薄膜，耐寒性极好，适用于低温冷冻水产品的包装。

10. 聚酯(PET)

聚酯是对苯二甲酸与乙二醇的缩聚产物，与其他塑料相比具有优良的阻隔性能，如对二氧化碳、氧气、水和香味的隔绝性。其还有很高的抗压、耐冲击性和强度，抗化学性能好，透明度高，耐热和耐寒性好，既可用于蒸煮袋材料，也可用为冷冻水产品的包装材料，并且也可以制成热收缩薄膜，表面喷镀金属，装饰效果极好。

11. 复合材料

目前还难以找到一种单一的材料来满足水产品包装的多功能要求，基于这一现状，包装工业已经开发出并采用品种众多的复合材料来满足各种食品包装的需求。复合材料就是由两种或两种以上不同化学性质的物料组合而成的。复合材料改进了单一材料的性能，并发挥了各组合材料的优点，主要表现如下：①利于食品保存，延长食品的保存期。复合材料一般都具有较好的气密性、防潮性、隔氧性、遮光性、保香性以及耐寒、耐热性，因而可以延长食品的保存期。②具有良好的抗张强度、耐冲击度、耐破度、耐压度、耐撕裂度。③具有较好的透明度、平滑度，适于造型、印刷。④复合材料便于使用，可替代部分金属，其质量轻，易于携带，易于启封。

二、水产品的包装容器

包装容器是指为销售、储存或运输而使用的盛装包装物，是包装材料与造型结合的产物。

水产品包装容器根据包装功能不同，可以分为运输包装容器和销售包装容器。

（一）运输包装容器

运输包装主要以满足运输、装卸、储存水产品为目的，首先起到保护商品的作用，其次起到方便流通的作用。水产品常见的运输包装容器介绍如下：

1. 蒲（草、麻）包、柳条（竹、藤）筐、竹笼、木桶

草包

柳条筐

传统的运输包装容器，适合在小批量、短途运输中使用。缺点在于不光滑，运输期间对于水产品挤压和碰伤相当严重，不是规整的立方体，在运输中不利于堆码。

2. 木箱

当前采用的木箱是由软水板钉制成的。板材厚度一般在12.7～

15.8 毫米 。木箱侧面有横挡,箱底有两三根垫木,以增强木箱的强度并防止木箱底部直接接触地板。木板表面一般不经过精刨加工,比较粗糙。为了加固,有的在箱端用铁丝或门形钉锁住。箱的两头端板开孔或钉上木块,以便手提搬运。20 世纪 50 年代以后,由于木箱作为水产品周转装运容器存在一些缺点,已逐渐被其他材料所代替。

木箱

木箱的优点:成本较低,便于修复;可在港口附近加工制造,节省运费;临时急需,随时可以大量供应。木箱的缺点:清洗困难;气味不好;使用寿命短,需要经常性的维修;容易吸水,寄生细菌;由于吸水,增加木箱重量,浪费人力搬运,并容易造成重量误差;容易刮伤人体;木箱装满鱼并堆码以后,上层木箱的鱼汁、鱼血和黏液流淌到下层木箱中去,使下层木箱中的产品受到污染;空箱不便套叠,周转使用浪费运费。

3. 瓦楞纸板箱

纸包装是目前被公认的可再生利用和加工效果好的包装,且有资源相对丰富、易回收、无污染的优点。瓦楞纸板箱较之木箱,具有印刷性好、成本低、保温性好以及轻便等优点。多数的鲜鱼包装用的纸箱,都经过防潮和防漏处理。更完善防护效果的纸箱内侧衬垫一层隔热的材料(如聚苯乙烯泡沫塑料板)。如果流通环境的温度很低,则可免用隔热(保温)层。隔热性能良好的纸箱,所消耗的冰块也较少。

纸板箱

4. 纤维板箱

纤维板箱由硬质纤维板制成,板的两面复合以牛皮纸。牛皮纸是与聚乙烯薄膜复合的,以改善其防水性能。纤维板心部也含有增水剂(或疏水剂),因此吸水率很低。板的厚度依箱的大小而异,小箱的板厚约为2毫米,大箱的板厚为2.16毫米左右,箱底开有排水孔,装满产品后,箱子的腰部用捆扎带或绳子捆扎。为了增强纤维板箱的防水性能,需要事先经过聚乙烯涂塑或涂蜡处理。印刷应在涂塑之前进行。

纤维板箱有时采用瓦楞纤维板制成,同样也是防水的。不论何种类型的纤维板箱,都应严格控制质量,通常是按照纸制品的检测方法进行控制。例如,纤维板浸水一昼夜以后进行氨纶强度等指标的测定。

包装熏制水产品用的纤维板箱,可无须要求高度的防水性能,产品事先用牛皮纸或聚乙烯薄膜纸裹包,然后装箱,以达到防潮和防油效果。有的纤维板箱,既可包装冷冻水产品,也可用来包装熏制水产品。聚乙烯涂塑的纤维板箱,在国外用得比较广泛。

5. 塑料袋、活鱼帆布袋

这是目前活鲜水产品长途运输常用的容器,适用于水、陆、空多种交通运输工具。塑料袋是用一种白色透明耐高压聚乙烯薄膜制成的,膜厚0.05~0.18毫米,常用规格为70厘米×40厘米,袋口凸出约15厘米,宽10厘米左右。装运时先在袋中装入一定体积的清水,然后装入一定数量的鱼苗。再排去袋中空气,充足氧气,扎牢袋口密封。经检查无漏气,即可装入特制硬纸箱中(以免被硬物扎破)启运。用塑料袋充氧空运时,充氧量不宜过大,以防压差过大而爆裂。在运输途中,如发生漏气漏水时,应及时处理。帆布袋由帆布涂胶膜缝制粘胶制成,形状同尼龙袋,大小根据用途可大可小,袋中灌水充氧扎紧后,即可作长途运输。这种工具弥补了尼龙袋等易扎破的缺点,并能多次使用,特别适合运输罗非鱼、鲇鱼类等具有硬刺(鳍)的水产品。

6. 塑料箱

当前应用的塑料鱼箱,多数是由高密度聚乙烯塑料注塑成形制成的。因为高密度聚乙烯塑料的低温冲击韧性比聚丙烯好，也具有足够的刚度。塑料鱼箱因模具投资太大而不好轻易改型。

塑料箱

塑料箱的优点：如果生产批量很大，成本并不太高，使用寿命一般可达6～7年；便于清洗，无异味；外观整洁美观；重量轻，便于搬运；不吸水，重量稳定；装满产品时堆栈稳当，空箱可以套叠，节省空间；隔热性能优于铝箱；便于设置排水槽；底部可直接同时制出底脚或横条，便于叉车搬运和安装托盘运输；搬运时噪声很小；能适应－40℃低温冷藏而不脆裂。塑料鱼箱的缺点：如果清洗不当，白色塑料鱼箱逐渐变黄，影响外观，所以，可加入适当的颜料；粗鲁装卸时，边角容易开裂，而且表面容易刮伤；如果少量生产，塑料箱的成本较高。

7. 聚苯乙烯泡沫箱

泡沫箱

聚苯乙烯泡沫箱既结实，密度又低，重量也轻，隔热性能好，可以用来在日常气温下运送预冷商品。此外，这种材料平缓撞击的能力很好。它的主要缺点是如果用过大的突发力，会使之破裂或压碎。同时，由于不便清洗、初次使用会使表面变形等原因，使这种材料制成的容器不能二次使用，造成使用成本过高。对冰鲜、冷鲜水产品，在没有冷藏车运输的情况下，可选用泡沫箱包装，内加冰降温，以便保持运输途中的低温环境。

8. 铝合金箱

通常采用耐盐水腐蚀的铝合金制造。有的是冲压加工，有的是由单片组合的。组合式鱼箱有用焊接工艺的，也有的是铆接组合的。

铆接结构由于缝隙较多而容易积蓄灰尘污物。箱板有凸肋,以提高刚度和抗弯顶部边缘采取翻楞结构,并设有排水槽。这种铝合金鱼箱,空箱可以套叠,节省空间。一般的使用寿命可达8~10年。铝箱的优点:从使用寿命核算,成本并不算高;便于焊接修复;便于清洗,没有异味;作为食品包装容器,美观干净;铝箱装满鱼后,堆码稳当;轻巧,搬运方便;重量稳定不变。铝箱的缺点:如果清洗不当,容易腐蚀并隐藏细菌;搬动时噪声太大,特别是空箱互相碰撞,噪声更大;隔热性能差,容易将外界的高温导给产品,加快其腐变速度;如果搬运不当,猛烈冲击时,易从边角处开裂。

9. 活鱼运输车、活鱼运输船

活鱼运输车是现代化的活鱼运输工具,也可看作水产品活体的运输包装容器。其主要设备包括箱体系统、增氧系统、动力系统。箱体系统分为敞开式和封罐式两种,前者为方形或长方形水箱,后者为油罐斜水箱;材料有钢、铝、铜、不锈钢、玻璃钢等。增氧系统有喷淋式、纯氧式、充气式、射流式等。动力系统包括发电装置、专用副机和主机传动装置等。活鱼箱一般配2~3套喷淋或射流装置,水温20℃时,鱼水比1∶1;水温30℃时,鱼水比1∶2。运输4~5小时,存活率可达95%。活鱼运输船同活鱼运输车一样,既是运输工具又是运输包装容器,船体分大、中、小3种,船内分几个活水舱,舱底两侧开圆孔,孔径约2厘米,用麻布或尼龙网布遮拦,使水能进出船舱,而鱼不能外逃。运输时,由于船行驶过程中,水体不断从船底两侧小孔流入舱内再排出,使舱中水体得到交换而经常保持清新,达到活水运输的目的。

(二)销售包装容器

销售包装主要以满足销售的需要为目的,销售包装一般要与商品直接接触,随同商品卖给顾客。销售包装除了直接保护商品外还要能够美化、宣传产品,便于商品陈列及顾客识别选购、携带。

1. 塑料包装容器

塑料容器在水产品的销售包装中应用最为广泛,常见的有托盘、塑料袋、塑料网袋和塑料罐。

托盘一般用来盛装冰鲜水产品,上面用保鲜膜覆盖卷裹,如鲜鱼、鲜虾、生鱼片等。使用托盘包装时，要视水产品外形的大小，选用合适的规格及形式，否则不但影响观瞻，还会浪费成本。为了达到促进销售的效果，可以在托盘中加入作料包，或者在包装上贴上写有烹调方法的红贴纸，都能更加吸引消费者。

塑料托盘

塑料袋在包装水产品时常被用作真空包装的容器，可用来包装水产风味小食品、干咸制品、冷鲜、冷冻品。塑料袋既透明又便于印刷，展现产品的同时也能够通过印刷来美化包装。

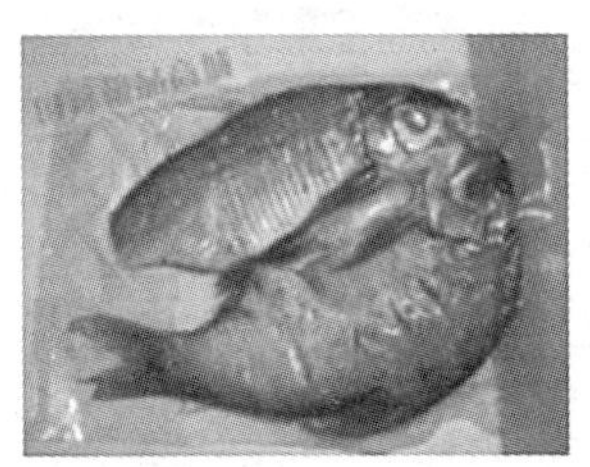

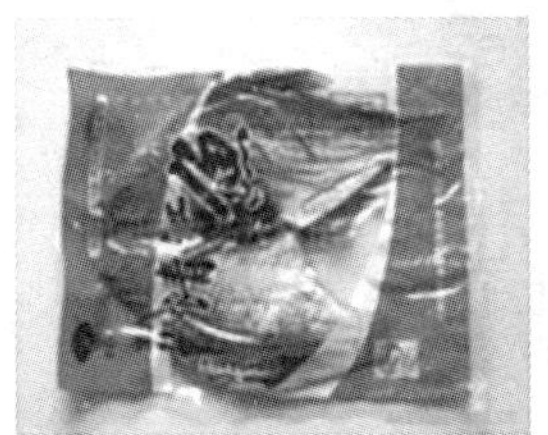

塑料袋包装

塑料网袋一般用来包装贝类水产品的活体，可防止因窒息死亡，而产生腐败的缺陷。如文蛤，可用塑胶网袋的方式包装。

硬塑容器多用作水产品罐头包装，一般装有带有拉环的金属盖或罐口热封有铝箔层压薄膜。后者与常用的金属罐相比，其优点在于只要撕去铝箔层压薄膜，便可以用微波炉加热。塑料罐可加工成各种形状与尺寸，使产品更具吸引力，并且它不会腐蚀，当内容物开罐后一次吃不完时，可以再盖上放在冰箱中。这类容器与通常的镀锡罐相比，存在以下主要缺点：密封失败的发生率较高；与金属罐头相比，为了达到同样尺寸罐头的相同的致死率，所需加热杀菌时间稍长。

2. 金属包装容器

水产品的金属包装容器主要有以镀锡薄钢板(俗称马口铁)为材料的镀锡板罐以及以铝合金薄板为材料的铝罐。两者都是水产品罐头的常用包装容器。在马口铁罐内有必要在罐头内壁加上一层涂料以防止重金属污染食品。铝罐的主要形式是冲底罐(二片罐),罐身和罐底为一体,由薄板直接冲压而成,无罐身接缝与罐底卷封。与通常的镀锡罐有3个接缝相比,它只有1个接缝,因而具有密封性良好的优点。因为锡的价格较高,20世纪60年代开发出了一种以极薄的电析铬层代替锡的非镀锡薄板,也称为镀铬薄板,用它制造的罐头容器,称为非镀锡罐或镀铬板罐。镀铬板表面虽有金属铬层和水合氧化铬层,但其耐蚀性仍比镀锡板差,为提高其耐蚀性,内壁需要涂涂料。

金属包装

3. 玻璃包装容器

玻璃容器具有很好的气密性和透明度,能够展示内容物,避免内容物与容器作用反应,可以用来包装一些价值较高的水产干制品,也可用作罐头制品的包装。市场上常见到将玻璃容器作为海参的礼盒包装或者鱼膏、鱼糊之类罐头食品的包装容器。玻璃容器有一定的缺点:加工费时,加工的冷却过程如不小心控制会发生爆裂,受机械撞击时易于破碎等。玻璃罐有多种类型,主要是它们的封口形式不同,常见的有卷封式玻璃罐、螺旋式玻璃罐、压入式玻璃罐以及垫塑螺纹式玻璃罐等。

4. 纸质包装容器

常见的纸质包装容器一般是纸盒、手提袋等,主要用作产品的外包装,起到美化产品、便于携带的作用。在纸盒内层通过涂蜡的方式可以降低水蒸气的透过率,达到保鲜的目的,如鲜虾的外包装一般采用涂蜡纸盒。纸盒容易造型、印刷性好,易于增进产品的展示效果。在纸盒表面还可糊裱绸、缎、皮革等并加上小工艺品装饰,用作贵重水产品的包装。

5. 复合材料容器

复合材料的种类有很多,常见的水产品复合材料容器为采用基材为聚酯或尼龙、铝箔、聚烯烃复合薄膜(薄膜间用黏合剂层压)的蒸煮袋,也可采用中间不用铝箔的聚酯、尼龙、聚烯烃复合薄膜制成的蒸煮袋。聚酯能耐高温蒸煮,从抑菌角度看,食品可得到较长时间的保存;氧气、水、光线等不能透过,内容物色、香、味优于镀锡薄板罐头;由于使用铝箔,具有银色的外观,能增强印刷效果;适宜装原汁蛤肉、清蒸蟹肉、油爆虾等水产食品。尼龙、铝箔、聚烯烃复合薄膜也可高温杀菌,但从抑菌角度看,食品保存期短;薄膜袋有一定的透明度,内容物可见;不能避光,易受氧气等影响;适宜装熏鱼、鱼糜糕等水产食品。

第二节　水产品包装方法

水产品根据其保存条件主要分为活鲜、冰鲜、冻鲜和干鲜水产品。在对水产品进行包装时,需要考虑水产品的生物特性、保存条件、保存时间和包装目的等因素,采用适当的产品包装方法和技巧。

一、活鲜水产品的包装

活鲜水产品因能最完美地保持营养及风味,所以售价通常远远高于其他水产品价格。活鲜水产品的包装主要发生在运输环节,包装的目的主要是保持水产品在流通过程中较长时间存活。

活鲜水产品的包装方法主要有干法包装、湿法包装和密闭包装

3种。

1. 干法包装

主要适用于龙虾、梭子蟹、日本对虾等的包装，采用泡沫塑料、聚乙烯、浸蜡纤维板或瓦楞纸板等做成的容器，将水产品放入容器内，充填以粗麻布、碎末或木屑等吸水性好的物质，限制水产品活动，同时将容器内湿度控制在70% ~100%，温度控制在1 ~7℃。包装后的产品可保活3天左右，该法主要用于名贵水产品的包装，采用火车或飞机运输。

2. 湿法包装

在采用湿润法运输时使用的一种包装形式，主要用于贻贝、扇贝、河蟹、甲鱼、牡蛎、文蛤等中途需要观察的水产品，包装材料采用蒲包、柳条筐、竹笼、麻袋、草包、木桶等透气良好的材料。

3. 密闭包装

主要用于鱼苗、鱼种、鳗鱼等的包装，包装材料有尼龙袋、塑料袋、塑料桶等，再辅以瓦楞纸箱外包装，可实现长途运输和销售。水产品装入包装袋后，一般需要充入氧气，同时保持低温。

小 知 识

湿润法运输

湿润法运输又称干湿法运输，是将蒲包、麻袋、木条箱、柳条筐以及特制的包装器具等湿润后装载成鱼、亲鱼或特种水产动物，运输途中一般要求淋水以保持湿润的一种运输方法。湿润法运输水产品时要求在包装上做到通风、防挤压、降温、保湿。

一些活水产品在进行储运包装前应进行相应的处理。例如，斑节对虾在装入储水的塑料袋前，应先用橡皮软管截成2厘米小管，小心套在头胸甲的额棘上，可防止因运输震动额棘刺破塑料袋而致漏气漏水，造成虾的死亡；蚌类在采用湿润法运输前几天应用水浸泡，增加湿度；把单个的活鳖装入大小相同的小布袋中，装袋前先使鳖的头、脚缩进甲内，装后用线缝牢袋口，这样小布袋被淋湿后能延长活鳖的运输时间；运输前对饲养的水产品停食一段时间，使其排出粪便，减少污染包装容器。

活水产品在包装时，应注意轻拿轻放，防止造成损伤。

在运输过程中，可采用对包装物喷淋冷水、附加冰块等方式控制温度，运鱼的适宜水温为 5 ~ 15℃，运输活虾的水温以 14 ~ 18℃较为适宜，活鳖包装容器内的温度需控制在 0 ~ 14℃。

采用带水包装时，需控制容器中水产品的密度，由于水产品的新陈代谢，如果密度太大会导致包装容器内氧气不足、水质浑浊，降低存活率。

采用湿法包装时，要按照一定的包装技法操作：在木条箱或柳条筐等包装容器内先铺上水草或浸湿的软草，然后分层码放水产品，在每层之间加铺一层水草或湿草，码放过程中要排列整齐，河蟹在码放时应使河蟹背部朝上、腹部朝下，力求码放平整、紧凑，沿笼、筐边缘的河蟹，码放时还应使其头部朝上，最后需在包装容器顶上加盖。包装鳝鱼时需先放置入加盖的鱼篓中再进行码放，以免压伤。

对于一些高档水产品，人们还开发出了专用的保活包装。如日本研制出一种运送活虾的专用包装容器。该包装容器用聚乙烯作内层，用泡沫聚苯乙烯作外层，在两层之间放入碎冰，内层要防止漏水，外层要防止碰损。在活虾活动的聚乙烯槽里，装入杀菌消毒的海水并灌入一定量的氧气，然后用盖封严，即可运送。采用这种方法，即使在外部气温高达 40℃的条件下，在 24 小时内，活虾的生存率还可保持在 90% 以上。

在活水产品的零售市场上很少能看到销售包装，消费者在购买活鱼活虾后也多是用塑料袋盛装以方便携带。近来，国外市场上出现了一种活鱼罐头，值得我们借鉴。做法是将活鱼用一种麻醉液浸泡至昏迷状态后装入罐头，两天之内不会死，烹调前只要取出罐头内的鱼放入清水中 10 分钟左右鱼就会苏醒。这种活鱼罐头因其携带方便、清洁卫生、味道鲜美而受到消费者的欢迎。

小知识

保活包装需满足的技术条件

1. 保持水质的清洁

水质要清洁,不洁水会减少水中氧的溶量,不洁物和黏液会黏附在鱼鳃上,影响鱼类呼吸,不洁水还容易使细菌滋生繁殖,影响鱼类存活。为了净化水质,水加入容器前要经过活性炭过滤,有条件的还要经过紫外线杀菌,英国、日本等国的几家公司就采取这种方法处理。活水产品在放入容器前,应经过一段时间停食排空,即使如此,由于代谢作用,会排出二氧化碳、氨、黏液等污染水质,所以,在运输等过程中,水中还需加入活性炭、有机酸、石膏等,吸附除去污染物,净化水质。包装容器内层要求阻水性好。

2. 包装容器中必须要有充足的氧气

水中含有足够氧气是各种水产品赖以存活的必要条件,在运输和销售过程中由于容器容积有限,鱼类相对密度较大,加以代谢作用,水质变差,溶氧量减少,是活水产品窒息致死的主要原因,所以必须增加供氧。目前增加供氧方法有下述3种:①用电池带动的小气泵,在运输和销售过程中,向密封容器或水中泵入外界空气来增加水中的含氧量。②在密封容器中,一次性充入一定量的纯氧,可用氧气瓶向已装活鱼的密封容器中充氧。③向包装容器内部水中放入适量过氧化钙等生氧剂,不但能产生氧气,同时可增加水的碱性,这对水产品的存活是有利的。

3. 使鱼类处于休眠或半休眠状态

活水产品在容器中,由于相对密度较大,加上运输的振动,会造成水质变差,挤压碰撞,鱼类容易激怒,会剧烈扭动或相互咬斗,除受直接伤害外,活鱼体内的APT(三磷酸腺苷)大量被消耗,由于处于排空停食状态下,新陈代谢环境条件变差,得不到充分补充,会造成衰竭死亡。为了减少能量消耗,要使鱼类在运输等过程中处于休眠或半休眠状态，目前采用的方法有：①低温法：在运输及销售过程中，使容器内温度保持低值，可使鱼类减少活动，处于休眠或半休眠状态。②加麻醉剂：可在水中加入适量巴比妥钠等麻醉剂，各种活水产品用量不同，最好经试验后确定用量。③将氧及二氧化碳各50%的混合气注入密封装鱼容器中，半小时后会起麻醉作用，这种方法保活期不能超过30小时，到达目的地后，要立刻取出在净水中苏醒。

4. 减少振动，防止挤压碰撞

运输、销售等过程中，振动难以避免，应尽量减少，碰撞和挤压应防止，要求包装容器外壳必须有足够强度。为了减轻运输重量，可采用泡沫塑料做成箱形，为减少振动，防止鱼体相互碰撞、挤压、箱内可水平用带孔塑料隔板隔成若干层，每层鱼体间可充塞塑料或海绵等软颗粒保护鱼体。

5. 保持较低温度

要保持较低温度，目前较多采用的温度范围为5～10℃，在这个温度范围内，既可防止鱼冻伤，又可使其处于休眠状态，减少能量消耗，较低的温度还可以抑制细菌生长，增加水中氧的溶量。包装容器应有调温功能，容器可做成外层为泡沫塑料，内层用防水阻气塑料膜，两层间有间隙，间隙中充填碎冰降温，也可充塞保温材料保温。

二、冰鲜、冻鲜水产品的包装

水产品在死亡后肉质易氧化，导致腐败变色，仅靠冷冻和冷藏等措施，保鲜效果仍不够理想，这时可以借鉴包装措施进行保鲜。冰鲜、冻鲜品包装，主要目的是防止水分的蒸发和细菌的二次污染，尽量减少水产品脂肪的氧化变质，防止产品滴汁及防止气味污染等。

(一)包装原则

1. 防止水分的蒸发

活鲜水产品在包装过程中,如果过分干燥脱水,将会导致产品本身组织、颜色及鲜味的变化,影响其新鲜度。造成水分过度蒸发的原因与包装储存条件不佳及包装材料的水蒸气透过率太大有直接的关系。

2. 防止细菌的二次污染

虽然健康水产品的肉质从微生物学来说是无菌的,但在水产品其表面黏液和消化道内存在大量种类繁多的细菌。当水产品被宰杀后,这些细菌会迅速侵袭其组织内的所有成分。在市场上出售的活鲜水产品,其外包装虽然不能够抑制食品上附着的细菌发育,但可以防止流通中细菌的二次污染,在活鲜水产品的包装到出售过程中,如果采用低温预先冷却的方式,然后在 3 ~5℃的低温下流通,出售时就能够保持食品的新鲜度。

3. 防止水产品脂肪氧化

在室温条件下,由于氧气的存在,水产品中油脂成分的酸败加快,采用良好的隔氧包装材料并结合冷藏技术将在很大程度上减小油脂成分酸败速度。

4. 防止气味的污染

水产品存储在透气性包装容器内,即使在低温环境中,仅仅几小时后就会散发出强烈的腥味,这是产品本身鲜味损失的结果,外界的异味透过包装也可以污染产品。因此,包装应该选用透气率低、气体隔绝性能好的材料,以解决气体的内外污染问题。

5. 防止水产品滴汁

在水产品的包装中,由于要切割产品将不可避免地出现滴汁现象,如果在包装中出现滴汁将影响包装的形象。如在包装中放入吸水衬垫既可吸收滴出汁液,又可降低包装内的污染。

(二)包装方法

新鲜水产品一般只是用塑料箱盛装后运输到市场零售;冰鲜水产品在没有冷藏车运输的情况下,多密封放置于加水的塑料袋中,外面用泡沫箱包装,内加冰降温,以便保持运输途中的低温环境。冷冻水产品一般十几千克一坨，用 PE 膜和瓦楞纸箱简单包装，在市场上解冻零售。超级市场买到的新鲜鱼贝类食品，许多是装在托盘中然后用弹力拉伸薄膜包装的；高级虾、干贝类食品，是放在泡沫容器中，用高聚物、EVA 的薄膜密封包装的。

除了上面普通的包装方法外，改善水产鲜品包装的方法还有很多，下面以鲜鱼为例进行介绍：

1. 采用塑料袋的小包装

将加工后的新鲜鱼装入塑料袋中，最后将袋口热封，这是一种即时包装方法。加工完毕立即包装，同时在包装上标明鱼的质量、价格和包装日期，即可进行销售。经过包装的新鲜鱼类食品虽不能抑制其附着细菌的发育，但能够防止流通过程中细菌的二次污染，同时也美化了产品的销售外观，延长了保质期。包装、销售过程都应该在低温条件下进行，这样有利于保持鱼的新鲜度。同时，这种包装方法也存在缺点，即包装内积蓄的水滴和鱼汁将影响产品的销售；包装内鱼的质变过程不易察觉。

2. 在运输过程中多使用刚性容器

水产品的肉质本来就脆弱，经冻结后，鱼肉组织会受到一定的伤害，包装时若受到过度的挤压就会造成鱼体破碎以及鱼肉组织的进一步受损，不仅影响到外观，而且受损伤部位的肉质易变坏影响食用。同时，损伤部分在解冻时，细菌极易滋生繁殖。显然，使用不易破坏、不易塌陷的刚性包装容器，有利于使鱼类产品在运输与搬运过程中免遭各种机械损伤，从而保持原有的形态和品质。

3. 使用具有阻隔水蒸气性能的包装材料密封包装

鱼肉不仅在冻结过程中水分有所损失，而且在冷藏中因鱼体表面细小冰晶的升华，也会使鱼肉失掉水分，这将使鱼肉不断减轻并降低新鲜度。同时，由于鱼体表面水分不断蒸发，将由表及里形成一定厚度的海绵层，使鱼肉失去原有的味道和营养成分。因此，用具有阻隔水蒸气性能的包装材料进行密封包装，可以防止鱼肉在冷冻、冷藏及销售过程中的水分散失，从而保持其原有的新鲜度。必须注意的是，包装内所冻结的鱼类产品之间存在着多余的空隙，会使鱼体的水分蒸发，使鱼肉脱水，在包装内部出现凝霜。因此，应尽量减少包装容器内部的空隙。若以塑料薄膜袋包装，则应使薄膜紧贴鱼类产品。

4. 真空包装

鱼类水产品含有不饱和脂肪酸，有的鱼类含量很高。当其氧化后会使鱼肉变为褐色并变味。包装处理时加防氧化剂的方法虽然有一定的效果，但也会对肉质产生一定的副作用。而采用真空包装则可以取得较好的保鲜效果。真空包装须将包装容器内的空气抽出，因而可使塑料薄膜袋紧贴鱼类产品，这对减少包装体积与内部空隙极为有利。为了防氧化，真空包装必须采用透氧性低的包装材料，并将包装容器严密封口，以隔绝包装外部的氧气。真空包装的关键不仅是采用真空度高的包装机械和良好的包装材料，重要的是采用正确的包装技术，否则鲜鱼仍然会发生腐败变质。真空包装应注意以下几点：①安全抽气。不能有残留气体，残存空气是导致微生物繁殖的主要原因。②包装封口严密。若封口不严，空气马上会进入包装内部，封口时要注意包装材料内不要粘有油或蛋白质等残留物。③真空包装后需要减少流通环节和注意储藏，这样才能够更有效地延长新鲜鱼类储存期。

5. 气调包装

在包装中增加二氧化碳或氮气含量可以防止鱼类产品的氧化，抑制细菌的生长和繁殖。使用充气包装机将包装容器内的空气抽出一部分，再充入一种或多种保护性气体。这样无论在冷藏还是在销售过程中，都能有效地保护鱼类产品的品质。为了使水产品的气调包装达到预期效果。在进行包装时需要注意：①力求完全置换气体，如果置换不完全就会使空气残留，出现鱼肉色素氧化、香味散逸、霉菌繁殖等现象。②注意包装材料的材质和密封性，用于气调包装的包装材料必须是氮气、二氧化碳等难以透过的材料，另外还要防止从封口处漏气 。③气调包装后仍然需要低温储藏和流通，经过包装的鲜鱼仍然有微量的细菌、霉菌和微生物附着于表面，如果温度过高，细菌就会急速繁殖，使食品腐败变质。气调包装鲜鱼的室内适宜温度为 3 ~ 10℃，储藏、流通适宜温度为 −3 ~ −2℃。

6. 避免紫外线照射

紫外线有促进鱼类产品氧化的作用(日光、灯光等都含有紫外线成分),并会使鱼肉升温。这些不利影响在鱼类产品冷藏陈列销售中尤为明显。因此,鱼类产品的包装可采用不透明的材料来防止紫外线的侵入。此外,印刷油墨也可以阻止90%的紫外线通过。所以,在透明材料表面用油墨多印一些图文之类,也可以起到遮光的作用。

无论采取什么样的包装方注,在包装过程中都应注意以下两个问题:①在包装生产过程中,应控制工作环境的温度。一般在1~3℃最佳,这一过程包括装载、运输、包装展销等各个环节。②滴汁问题。如果冷藏温度在-3~-2℃,鲜鱼将会发生滴汁现象,积存在包装容器内的鱼汁和血水将影响到产品的外观及销售。如果包装前将鱼浸渍于聚磷酸盐溶液中,使鱼表层的细胞膨胀,进而破坏细胞壁,则鱼汁就不容易从肉中渗出了。

小 知 识

常见水产品的保鲜包装

1. 虾的包装

目前,市场上比较流行的虾包装一般是采用聚乙烯塑料袋包装小虾并速冻储藏,为防止小虾氧化和丧失水分,外包装通常采用涂蜡的纸盒。实验证明,虾包装在涂蜡的纸盒内,盒外再包裹一层薄膜,冷藏在-18℃可以保存12个月。龙虾肉也可用涂蜡纸盒包装热封,并冷冻保藏。去皮的熟龙虾肉,煮熟后置于-29℃,其储存期可达到3~5个月。

2. 蟹的包装

目前,市场上对于蟹的包装尚没有特别成功的。原因是蟹肉冷冻后其鲜美味道会受到严重损失。采取冷冻的方法对新鲜蟹肉质量的影响主要是会引起蟹肉颜色和肌肉组织的恶化。采用锡罐密封包装,如果余留空间太大,其中的空气足以使蟹颜色转变。为了保证新鲜蟹肉不变质,并且不变色,必须采用水蒸气透过率低的容器。同样，新鲜蟹腿也不宜采取冷冻保存，因为只要经过3个月就会变色并失去香味。

3. 贝的包装

扇贝去壳、洗净、冷冻后，可保存7~8天。但如果不及早加以处理，就会过度脱水，不但会缩短其存储期，而且香味和营养成分也将受到损失。因此，鲜贝肉必须采用防潮包装，不论是大包装还是零售小包装，都可以采用涂塑热溶胶或聚乙烯的纸盒包装。这也是目前最为普遍的包装形式。

4. 牡蛎的包装

牡蛎是一种举世闻名的美味海鲜食品，但出水后会很快死亡，且易被李斯特菌污染而变质腐烂。新西兰海洋渔业研究所的研究人员发明了一种新工艺，可使生牡蛎经加工后既能长期存储又能保持其鲜味。该工艺是将刚从海里捕捞上来的活牡蛎洗净泥沙后，立即进行巴氏灭菌，温度为100℃，压力为1.3千克/米^2，这样可以杀死附着在牡蛎壳内的细菌，然后将灭菌后的牡蛎进行真空铝箔吸塑包装。由于在加压灭菌时牡蛎壳并未打开，故其中的鲜汁全部保留在壳内。消费者购买后，用微波炉加热2~3分钟，即可品尝到美味的烤牡蛎。

三、干鲜水产品的包装

水产品的生产具有季节性，捕捞期相对集中。为了使水产品均衡上市，解决淡旺季供应不均的矛盾和增加水产品的附加值，多渠道、多品种地开发水产品资源，人们通常采用干燥或者脱水的方法除去鱼类等水产品中的水分，以达到防止腐败变质的目的。干鲜水产品是采用干燥或者脱水方法除去水产品中的水分或配以其他工艺（调味、焙烤、拉松等）制成的一类水产加工品。水产干品的优点是保藏期长、重量轻、体积小，便于储藏运输。市场上常见的水产干品主要分为即食与非即食两类：即食类，主要品种有烤鱼片、鱿鱼丝、休闲鱼干制品等；非即食类，主要品种有鱿鱼干、虾皮、干贝、干海带、紫菜、虾米等。因为达不到干燥要求的水产干品易发生霉变，影响产品品质，所以在包装前要检查是否干燥。

干制水产品的储运包装多以纸箱、草包、竹篓、木箱等作为包装容器。没有预包装的干品在进行包装时，在运输容器内要垫防潮物并按一定的技法操作。例如，墨鱼干在包装时篓或箱内部和周围应铺上一层竹叶或草片，墨鱼干按一定大小依次排列成环形或方形；排列时底部背朝下，头部向篓心或箱中间，上部第一层应背部朝上，以减少受潮的影响；装满时，盖上竹叶片，加盖缝牢，并注明等级规格和重量。海带的储运包装以草包为主，包装方法为：用包装机压实后先捆上两条绳子，再用草袋包好，封口处应用麻袋线缝好，皮外再用绳子以"田"字形扎实，包装上要注明等级。淡干品用黑色，盐干品用红色标志；包装外要有质量卡片和标签，注明品名、等级、产地、检验员、检验时间。鳗在包装以前应再出风一次，一般采用机器打捆，用蒲包或草片包裹，捆扎要结实，或者用长方形的条筐（竹筐）包装。

市场上常见的零售小包装有塑料袋、纸盒、瓶罐等，其中以塑料袋包装居多。如干鱼片、虾皮、虾米、紫菜等都是按照一定的包装规格进行称量，并立即装入塑料袋内进行封口包装，塑料袋的材质以不透气的聚丙烯或复合薄膜袋为佳，这样即可防止潮湿又能便于销售。即食类水产干品的销售包装要采用无菌包装。无菌包装技术是指将经过高温短时或瞬时灭菌的食品在无菌环境中密封在事先经过灭菌的容器中，使包装食品达到商业无菌要求的新型储藏加工技术，即达到 3 个无菌化要求：食品无菌化、包装材料无菌化和包装环境（操作）无菌化。

四、水产罐头制品的包装

水产罐头制品是将水产品经过预处理后装入密封容器中，再经加热杀菌、冷却后的产品。水产罐头制品有较长保藏性、较好口味、便于携带、食用方便等优点，是消费者欢迎的产品。由于隔绝空气，防止外界的再污染和空气氧化，所以使水产品得以长期保藏。市场比较常见的是水产品软包装罐头（如醉鱼、鱿鱼丝等）、玻璃罐头和铁罐头（豆豉鲮鱼、凤尾鱼、醉蟹、虾酱等）。

罐藏容器按其材料性质分,大体可分为金属容器和非金属容器两大类。金属罐藏容器主要有镀锡板罐、铝罐和镀铬板罐等,非金属容器主要有玻璃罐、硬塑罐等。随着科技的进步,新型罐头容器不断出现,如复合的软罐头包装容器。软罐容器是指耐高温蒸煮的复合薄膜袋,也称蒸煮袋。蒸煮袋的软罐头虽然其货架期较短,但也具有很多的优点,比如,它比金属容器薄,加热灭菌时达到要求的中心温度所需时间较短,有利于罐头食品质量的提高;软罐容器的存放所需空间小,质量也轻;其形状平坦,在陈列货架上易于识别;软罐食品短时加热即可食用,十分方便。

作为罐头制品的包装容器,在加工过程中和加工完成后,都应具备下面两个特点:①密封性强。能经受内外的压力差,无泄漏的危险。②耐高温性。在加热过程中能耐高温,不会熔化或与内容物相作用。

水产罐头制品多为即食品或半成品,所以包装上的文字说明是必不可少的,有关用法、保存方法、保质期、烹调方法等应记载清楚,容易看懂。这种说明如能运用文字加上插图,更容易使消费者产生亲切感。

第三节　水产品包装策略

一、水产品包装重要性的再认识

我国近 30 多年来,水产品总量大幅增长,综合生产效益明显增长。但是,也有数字显示,我国出口的水产品中,每年因包装不善导致的损失高达 70 亿美元。究其原因,主要是企业和商家均不重视水产品的包装。在水产品加工出口企业中,大部分企业对产品的外包装尚存在各种模糊认识。有些企业的经营者甚至认为,出口的水产品只要自身的质量好就足够了。然而事实证明,导致水产品出口的

损失,除产品自身的质量问题外,外包装质量差也是重要原因,主要表现为:

第一,材质不过硬,经不住远途运输和多次搬运,造成包装体的破碎,损坏产品的内在质量。尤其是水产品一经污染,便成了次品、废品。

第二,不符合“绿色包装”的要求,材料中含有污染环境和影响健康的有毒成分,最终影响了水产品自身的质量。

第三,包装标志图案及文字说明不符合进口国的要求和规定。最终导致产品“退回没商量”。如今一些国家已将水产品的包装检验标准从原来的几项、十几项增加到几十项,有些指标甚至细微到了包装的印刷层面。例如标签,只要是在包装上少了个标志,即使品质再好也照退不误。

由此可见,注重水产品的包装质量绝非小事,它是关系到企业和商家生存的大问题,决不可等闲视之。尤其是出口型企业,要针对已出现的“包装壁垒”,不断了解国内外包装新动向,研究和探索国内外包装新材料、新工艺、新技术,既要注意搜集国际市场对包装的新要求,特别是技术检验规定、出口商品包装要求及标准,更要研究了解进口国对包装的环保要求以及进口国的传统文化习俗和对包装的图案、文字及其禁忌要求等。

包装虽小,却能做出大文章,无论是水产品的无菌包装,还是航运包装,甚至是“活鱼”包装 ,只要充分发挥包装的各种功能,就一定会促进水产品的出口,提升水产品的经济价值,推动水产品行业的发展,使水产品包装转化成经济发展的一个新亮点。

二、水产品包装策略

由于水产品供给的增加,同质水产品之间的竞争愈加激烈,水产品包装在满足了保活保鲜、延长保质期等功能的基础之上,更要考虑如何利用适当的包装策略和包装技巧,发挥包装的促销功能,从而使自己的水产品能够脱颖而出。对水产品进行销售包装策略不等于对水产品进行过度的精美包装,不同的包装策略适用于不同的情况。针对水产品包装,可以选用如下策略:

1. 无包装策略

市场上很多鲜活水产品都是在没有任何包装的情况下销售的，其实自有其道理。活鱼在水盆里游来游去，对消费者就是一种吸引；冰鲜鱼敞开放于冰堆之上也便于消费者观察其新鲜度。无包装便于消费者建立起对水产品的直观感受，同时又能降低经营者的销售成本。

2. 透明包装策略

超市中的冰鲜虾、生鱼片通常放在塑料托盘之中，上面包裹一层透明的保鲜膜；即食的水产熟制品大都采用透明的真空贴体包装。透明包装策略使内装物品一目了然，既能体现商品的自然美感，又便于顾客识别、选购。透明包装有全透明的，亦有非全透明的，如一些开窗式纸盒包装、塑料袋包装、托盘包装、网袋包装等。

3. 绿色包装策略

绿色包装是绿色水产品中的重要一环，是指无害少污染的，符合环境要求的各类包装物品。包括保护环境和资源再生两方面的含义。许多国家把包装的要求列入绿色壁垒的范围，不符合绿色包装要求不准进口。水产品在进行绿色包装时应注意以下几个方面的问题：①在水产品包装上导入绿色理念，要考虑包装最后处置是否有利于保护环境，是否做到既满足当代人的安全卫生，又不损害后代人的可持续发展。②设计绿色包装时对进超市的水产品小包装应考虑到在冷藏柜中的销售因素，利用先进技术，一般应采用可降解塑料包装；对部分干货水产品采用纸质包装；对部分鲜活水产品可采用清洁无污染循环包装；对名贵水产品可采用保温型的环保包装或设计精美的礼品包装。

4. 复用包装策略

复用包装策略即在商品使用后，消费者可以将包装物另作别用。水产品的罐头包装材质多为玻璃、钢片、铝箔。这些包装容器可考虑设计为茶杯或者饭盒的形状，由于可以重新利用，即使售价很高，也会让消费者觉得物有所值。

5. 系列包装策略

系列包装策略适合某一企业推广自己品牌时使用。例如，某一水产品企业在自己生产的各类水产品上采用风格统一、略有差别的包装形式。将这些单个包装摆在一起，形成一个包装系列，可以提高商品的整体效应，从而让消费者对该品牌留下深刻的印象。

6. 等级包装策略

等级包装策略主要有3种：第一种是按产品档次决定其包装，即高档产品如海参、鲍鱼等采用精美包装；而低档产品如四大家鱼则采用简单包装，以突出其经济实惠的形象。第二种是按顾客购买目的对同一产品采用不同包装，如顾客购买是为了馈赠亲友，则应用礼盒包装；如果自用，则应包装得简单朴素。第三种是按照消费者期望购买的不同分量进行包装，很多水产品在打开真空包装或罐头包装后短时间内即会变质，不易保存，因此可设计为2人份、5人份等不同分量的包装。

7. 便利性包装策略

包装要便于携带、存放和开启。采用适量小包装，方便人们外出旅游途中或室外活动时食用。也可以在包装内附上相应的烹调方法，方便消费者自行烹调。在塑料包装上应设计有豁口，罐头包装上设计易拉环以方便开启。

8. 组合包装策略

将多种水产品包装在一起，消费者只需购买一个包装，就可以品尝到各种水产品的美味。例如，生鱼片、鱼丸、虾仁、蟹柳等组成的水产拼盘就能满足消费者想在家制作海鲜火锅时的多样性需求。

9. 定制式包装策略

水产品的定制式包装多见于礼盒的现场组合，消费者可选择不同种类、数量的带有小包装的水产品自行组合，放入礼盒等便于携带的销售包装中。这种包装充分满足了消费者的不同需求。

10. “文化”包装策略

在水产品的包装上增加文化内涵可以提高产品的附加值。在春节等中国的传统节日，推出带有“年年有‘鱼’，大吉大利”等吉祥话的鱼制品，定能增加消费者的购买欲望；在一些休闲小食品的外包装上印上笑话、谜语也能营造出与食用该食品时相适应的文化氛围；在洪湖出产的水产品包装上印上“洪湖水，浪打浪……”的歌谣，既能体现水产品的地域性以示正宗，又能引发人们的美好回忆。

11. 小包装策略

在水产半成品或熟制品的市场上，小包装更加受到消费者和销售商的青睐。原因是小包装易于包装运输和上架销售，且冰块少；而大包装比较笨重，不易解冻销售；还有小包装单价便宜，易于销售；对于消费者而言，城市里大多数家庭都是两口或三口之家，一次对于水产品的消费量较少，因此也更加喜欢小包装。

水产品的包装策略多种多样，适用于不同的产品和情况。同时，“他山之石，可以攻玉”，其他产品的包装策略对于水产品的生产者、销售者也可以拿来借鉴。总之，各种包装策略，都与市场营销因素互相对应，其最终目的是利用适当的包装，来推销产品，拓宽市场，提高市场占有率，实现企业的营销目标。

阅读材料

一、德国的水产品包装

德国的水产品在超市中品种各异，其包装也五花八门。我们就来看看德国超市里的水产品都是怎样分类包装的。另外，德国人吃水产品以鱼为主，还有少量的虾，所以这里我们就以鱼的包装作主要例子予以说明。

一般的鱼类包装按常温、冷藏和冷冻等分为3类。常温以马口铁鱼罐头包装为主，它又分为圆形罐与马蹄形罐。

圆形罐以平圆形最常见，它的内装量并不多。其直径大约52毫米，高度30毫米，大多数都用于包装经过处理的小鱼，并用一些食用油浸泡，例如葵花油。油的种类都在粘贴的标签上加以说明。标签上除了商标和生产厂家之外还有其他作料成分的介绍，上面还印有有效期限，这种罐头的存储日期比较长，一般为3~4年。这种罐头包装绝大多数都是带有易拉环的易开罐。有些生产厂家还在标签上印有开启的图示说明，简单明了，消费者不用费神费劲就能很容易打开罐头。

马蹄形罐的品种及用量在德国超市远远多于圆形罐，主要考虑到单身和小家庭的消费者居多，所以马蹄形罐的内装量也分为各种不同的规格。这种罐头通常不仅单纯地装鱼，而且混装有许多酱汁类，例如德国人喜欢吃的西红柿酱和其他果酱。这种酱汁的含量也在标签上注明，例如总量325克，鱼重200克，有的200克总量中鱼重为120克，还有125克内装物中鱼占90克等。这种罐头的盖上都配有易开拉环，极为方便。标签上除了常见的生产厂家及其地址外，还印有原料成分、有效日期、条形码、回收标志等。有的生产厂家为了让消费者放心，还会印上经某权威测试中心检测合格等说明。

冷藏类的水产品还是以鱼为主体，但多为经过处理加工可以直接食用的成品。德国人喜欢吃沙拉菜，所以就有鱼类沙拉。其中鱼的含量占到40%，再与黄瓜、洋葱、奶油和其他沙拉油混合搅拌在一起，用适合于1～2人消费的小塑料盒装起来。这种塑料盒以扁的圆柱体最为常见，并配有套合严密的塑料盖。盖上贴有标签，包装所需要的文字说明及商标图案全部印在上面。这类产品的包装对冷藏温度和有效期限有特别醒目的说明。第二类常见的冷藏类是生鱼片，又大又薄的生鱼片或装在密封的塑料袋里或装在扁长方体的塑料盒内，再配上类似于盖的密封薄膜。塑料薄膜上印刷的文字图案并不复杂，消费者能够透过薄膜直接看到包装内的生鱼片。尤其是最常见的鲜红颜色的生鱼片，顿时就能吊起人们的胃口，从而吸引消费者购买。另一类是塑料带套装的熏鱼，因为是把整条熏鱼完整地装起来，所以确切地讲，该包装更像一个塑料套管，为了防止熏鱼的味道渗透出来，它所用包装材料为较厚的高密度塑料薄膜。通常先把熏鱼装入成型的塑料薄膜套管内，然后热封开口，再贴上简易的纸标签。冷藏水产品除了鱼之外，许多超市还有包装好的小虾米。常见的主要有两种：一种是把拌有作料的熟虾米装入小型的塑料方盒内，打开塑料盖就可以直接食用；另一种是把处理过的小虾米与奶酪做成一种黏稠的混合食品，吃时把它抹在面包上一起享用味道更好，这种包装也使用带盖并贴有标签的小塑料方盒。这两种小虾米的内装量都在100～150克。

冷冻类的鱼虾品种最多。一种是德国人喜欢吃的炸鱼块，这是一种半成品，选用无刺的优质鱼肉块，外裹一层带作料的面粉或面包渣，用油简单炸后冷却，然后装入白纸板纸盒内冷冻起来。纸盒外印着许多彩色图案和文字说明，其主色调以深蓝色与焦黄色为主，表示海洋的颜色及油炸后鱼块的颜色。包装上的文字说明非常详细，除了生产厂家与原料成分外，最多的是使用说明。例如，有些厂家对冷冻期限写得很详细，标有一颗“星”的冷冻温度可以存放 4 天，两颗“星”的冷冻温度可以储藏 3 周，三颗“星”的冷冻温度就能放置 1 年。有些对怎样在厨房做这种鱼块罗列得特别清楚，诸如油炸 5 分钟，油煎每面 3 分钟，用烤箱时 200℃ 的温度烤 8 分钟等，的确给消费者带来了很多方便。各个厂家的纸盒大小和内装量都不相同，所装鱼块的大小也不一样，常见的数量多为 12 块或 15 块，重量为 400 ~ 700 克。第二种是把加工清洗过的切断的大鱼块或几条较小的鱼直接装入较厚的塑料袋内，热封后放入冷冻柜进行销售。此方法也适用于从更大的鱼剔下的几乎没刺的厚鱼片的包装。也有的生产厂家把一条经过处理的整鱼用这种塑料材料包装起来，这种鱼的重量一般都超过 1 千克，和其他塑料袋包装的鱼的区别仅仅在于一条整鱼常采用真空包装的方法，使塑料薄膜紧紧贴到鱼的身上，然后进行冷冻，这样可以节省冷冻空间。

德国超市的冷冻虾以大虾居多，其包装也分为两种：一种是直接把清洗处理过的大虾装入印刷精制的纸盒内冷冻；另一种是把大虾装入塑料袋热封后冷冻。这两种包装容量都不大，只有 200 ~ 300 克。这可能是德国人不大喜欢吃虾或者不愿意过多进厨房烹调的缘故。

总的来说，德国人不太愿意花过多的时间用于做饭，所以无论是鱼还是虾在包装前都事先处理干净了，消费者买回来后打开包装就可以直接下锅。当然生产厂家也绝不敢在质量上弄虚作假，否则会受到有关部门的处罚，也就不会有人购买这种产品了。另外，鱼虾和其他水产品的包装量都较小，主要考虑到在德国单身和没有小孩的小家庭比例偏多。

二、水产品包装的国际先进经验

1. 鱼类保鲜

美国发明了一种鱼类保鲜方法：将刚捕到的鱼装入塑料袋，袋内注入混合气体，密封包装后，放在普通仓库内4周后，鱼类的外观和味道都没有改变，就像刚捕到的一样。

2. 活鱼罐头

日本市场上新出现了一种活鱼罐头，做法是将活鱼用一种麻醉液浸泡至昏迷状态后装入罐头，2周之内不会死。烹调前只要取出罐头将鱼放入清水中，10分钟左右鱼就会苏醒。这种活鱼罐头携带方便，清洁卫生，味道鲜美。

3. 运送活虾包装

日本研制出一种运送活虾的专用包装容器。该包装容器用聚乙烯作外层，在两层之间放入碎冰，防止碰损。在活虾活动的聚乙烯槽里，装入杀菌消毒的海水，然后用盖封严即可运送。采用这种方法，即使外部气温高达40℃，在24小时内，活虾的生存率还可保持在90%以上。

4. 鱼虾速冻真空包装

缅甸一家食品厂制作出鱼虾速冻产品。该产品经真空密封杀菌等处理，耐久存、卫生、可口。目前引进国外实物料理装罐技术，先经净化处理，再配料制作杀菌真空包装，可算是替代罐头食物的速食品。真空包装不仅为厂家省去成本，还能抵制空气侵入，达到长时间的保存效果。

5. 鲭鱼片包装技术

美国皇冠控股有限公司最近研制出一种新的鲭鱼片包装技术——热封可揭罐盖技术。可揭盖带有一层薄铝箔，盖上有一个小拉环，很容易揭起罐盖。这种可揭罐盖开盖迅速、容易、安全。

第五章　水产品品牌

近年来水产品行业出现了一种“奇怪”的现象：一方面，由于产能的急剧扩大，出现了季节性、区域性、结构性水产品供大于求，水产品“卖难”，市场上出现低价竞争；加上水产品生产资料涨价，水产品生产成本提高，因而出现渔农增产不增收现象。另一方面，我国某些名优水产品，如阳澄湖大闸蟹、中得甲鱼、淳牌千岛湖有机鱼等通过品牌经营，价格大大高于同类产品，而且产品供不应求，取得了显著的经济效益。这些给我们的启示是：在新的环境下，我们必须深刻理解水产品品牌的重大意义，正确制定和实施名牌战略，争取在激烈的市场竞争中立于不败之地。

第一节　水产品品牌建设概述

案例 1:宿迁大闸蟹如何才能“横行”市场?

这是一组对比鲜明的数据:在阳澄湖大闸蟹开捕的 9 月 23 日,苏州蟹网的数据显示,125 克规格的阳澄湖大闸蟹母蟹 25 元/只,150 克规格的母蟹则高达 40 元/只;而在同一天,125 克规格的洪泽湖大闸蟹母蟹 10 元/只,150 克规格的母蟹 20 元/只。阳澄湖大闸蟹比洪泽湖大闸蟹贵了 1 倍。

这是一个令人尴尬的事实:2013 年阳澄湖大闸蟹产量为 2 100 吨,市场上各种打着“阳澄湖”牌子的大闸蟹销量却达 30 万吨;而宿迁全市 2013 年大闸蟹产量为 5.65 万吨,其中有相当部分被销往外地,经“洗澡”后贴上某牌商标,价格涨了 1 倍。

毋庸讳言,宿迁大闸蟹的认知度、美誉度远不及阳澄湖大闸蟹。放眼宿迁,全市水产养殖面积约有 109 万亩,其中大闸蟹养殖面积达 57 万亩,比重占了 1/2,产值却占全部水产产业产值的 70%,水产经济几乎成了河蟹经济。

从某种程度上来说,作为洪泽湖大闸蟹的主产地,宿迁大闸蟹销售的好坏意义重大。这已不再仅仅是一个经济问题、民生问题,从某种程度上说,还是一个关乎宿迁形象的问题。那么,面对各路竞争对手,宿迁大闸蟹如何才能“横行”市场?阳澄湖大闸蟹的品牌运作方式是否可以拿来借鉴呢?

作为中国大闸蟹第一品牌,阳澄湖大闸蟹集团公司从苗种选育到后期养殖、包装运输都严格操作执行。公司在养殖大闸蟹方面采用优良的中华绒螯蟹亲本作为苗种繁育，再配合24小时水质监测、水质动态实时更新、水土定期抽样分析、阶段性培育精养、坚持绿色养殖的方式，精心培育每一只大闸蟹，呈献给消费者最好最优质的阳澄湖大闸蟹。针对消费者的配送问题，阳澄湖大闸蟹集团公司设有超大型的新型配载中心，配合覆盖全国范围的顺丰物流、EMS，能够保证到达消费者手中的每一只大闸蟹的品质。这些也许就是阳澄湖牌大闸蟹获得好口碑、得到消费者认可的一大优势。

案例2：日照水产品逆境中求发展

日照市共有水产品加工企业238家，大部分是以水产品的冷冻冷藏等粗加工为主，其中18家为水产品精深加工企业，主要生产蒸煮、烧烤、腌熏、模拟等精深水产加工品，加工能力和水平处于全省先进行列。2012年1～7月，全市水产品出口创汇3.23亿美元，同比增长3.5%。

以质取胜

对于食品企业而言，质量就是生命。为保证质量，日照市下足了功夫。

首先，按照基地建设先行、源头控制为主的思路，推行无公害标准化生产，加快标准化生产基地建设。鼓励扶持重点龙头企业按照原料基地化、基地标准化的方针，走企业带基地、基地带农（渔）户、生产加工销售一体化经营的路子，确保出口产品的质量安全。

其次，加强产品检测力度，确保产品质量。一方面认真执行国家、山东省水产品质量安全抽检工作计划。另一方面加强企业产品质量检验检测机构的建设，日照市许多企业根据出口国的检测标准，完善了企业内部的检测机构，有的企业还通过了质检注册，如山东美佳集团检验室于2008年4月被评定为“国家认可实验室”。2008年“毒饺子”事件后，日照市水产品出口企业对全部原料和产品进行自检，自检结果及时告知客户方，赢得了客户的信赖。

苦练内功

市场不景气，企业却没工夫怨天尤人，他们唯一能做的，就是苦练内功。

山东美佳集团和山东荣信集团等企业开展“节约成本年”、“节约成本月”活动，达到节能降耗的目的。

另外，山东美佳集团将水产品加工过程中的下脚料加工成养殖饵料，投资建设了拥深水抗风浪网箱的鲈鱼养殖基地，不仅解决了加工原料不足的问题，而且节约了资源，优化了环境。该企业正积极探索从虾壳、鱼皮、鱼骨等下脚料提取甲壳素、卵磷脂等物质的路子。

根据市场需要调整产品出口结构，“需”赢得市场，以“新”抢占市场，积极参与市场竞争。而收入水平下降的居民对价格的敏感性增强，对价格低廉产品的需求有所上升。日照市出口企业针对这一点，积极调整出口产品结构，大批量出口中低档产品，收到了很好的效果。

培育品牌

如果说苦练内功，只是面对当前经济形势采取的应对之招，那培育品牌，就应当是日照这些水产品企业寄望再夺市场主动权的进攻之招了。

日照水产品企业坚持创企业品牌与创产品品牌并重，走以产品品牌带动企业品牌、以企业品牌保证产品品牌的路子。

加大了品牌建设的宣传和组织实施力度。日照市海洋与渔业局引导一批按标准生产、产品质量有保证、有一定规模和市场占有率的养殖企业进行水产品商标注册，树立品牌信誉和形象，用品牌开辟市场、提高知名度、增加附加值、扩大效益、规避风险。目前全日照市已有水产注册商标166个，居全省第四位。

山东省海洋与渔业厅、日照市海洋与渔业局鼓励和提倡水产品生产经营企业在做大做强做优的基础上，积极开展争创省名牌、国家名牌和驰名商标工作，开展名优产地认证工作。目前，日照市有国家级名牌产品1个，山东省名牌产品2个，山东省著名商标6个，最受消费者欢迎产品4个。其中，昌华牌鱼糜被评为中国名牌产品，美加佳牌鲈鱼、美加佳牌速冻高压海参被评为山东省名牌产品。

分析：我国加入WTO后，面对国内外竞争日趋激烈的水产品市场，许多水产品企业感到困惑，步履维艰。然而，在同样的环境条件下，一些企业却在竞争中掌握主动，产品市场份额稳中有升。究其原因，大多得益于品牌的经营。水产品企业的竞争是质量、服务、科技实力的竞争,也是品牌的竞争。推进水产品品牌战略实施,发展中国水产品品牌,是推动我国水产品企业发展的重要措施之一。

一、品牌的概念和内涵

美国市场营销协会对品牌的定义如下:品牌是一种名称、术语、标记、符号或设计,或是它们的组合运用,其目的是借以辨识某个销售者或某群销售者的产品和服务,并使之同竞争对手的产品和服务区别开来。

品牌的本质是可以让消费者辨别出销售者或制造者。品牌不仅仅是名称和符号,它更代表了消费者对产品及其性能的认知和感受,是营销者许诺向消费者持续传递特定的特性、利益和服务。品牌是企业信誉,是无形资产,是产品质量和特色文化的载体;品牌是参与市场竞争获胜的法宝,产品竞争力的表现。

二、品牌建设理论

关于如何创建品牌的研究已经历经了半个多世纪,这个理论一直在进步着、发展着。但是如何把这些理论应用到实际的品牌建设中才是最关键的,尤其是应用到水产品品牌建设中。

(一)运用广告创品牌理论

1. USP 理论

USP 理论是罗塞尔·瑞夫斯在从事广告工作 20 多年后提出的一个品牌产品的推广理论。主要阐述了:①每一个广告必须向顾客提出一个主张。品牌广告不只是一些文字表达,不是对产品的吹嘘,不是橱窗广告,而是一个实在的利益点。要告诉阅读广告的读者(当时主要是报纸广告):购买这个产品,你将得到特定的好处。②品牌广告必须是竞争对手不能或没有提出的。它必须独一无二,是品牌的专有特点或是在特定的广告领域中没有提出过的说辞。③品牌广告必须能够打动成千上万的读者,也就是说,能够把顾客吸引到你的产品上来。

2. 品牌形象理论

大卫· 奥格卫,根据自己广告和品牌创建实践,提出了与 USP 完全不同的理论,这个理论就是形象论。

大卫·奥格卫认为广告对产品的销售作用巨大。为品牌产品建立一个个性和发起一个成功广告活动非常重要。他认为,(企业)现在必须决定品牌要一个怎样的形象,形象就是个性,一个产品就像一个人,要有自己的个性,是这个形象决定了在市场的地位:是成功还是失败。

在关于如何树立形象问题上,大卫·奥格卫认为,广告不是娱乐,而是要提供信息,促使顾客购买的不是广告的形式,而是广告的内容。这个广告内容是什么呢?按照形象理论看法,这个内容就是包含着创意的个性形象。

3. 品牌定位理论

鉴于品牌形象理论事实上没有给如何构造品牌的个性形象以指导,在实际的应用过程中,品牌形象论受到很多的批评。一些专家认为,品牌形象论要为许多虚假和夸大的形象宣传承担责任。到 1972 年两位年轻的广告人拉·里斯和杰克· 特劳特提出新的理论——品牌定位理论。品牌定位理论被认为是在这个传播过度的社会中解决传播问题的首要思路,也是现代营销中最重要的概念。

定位的基本思想是:要在预期客户的头脑里给产品定位,但是他们认为定位本质上不改变产品,产品的价格和包装事实上都丝毫未变,定位只是在顾客脑子里占一个有价值的地位,独树一帜。为了在客户的脑子里独树一帜,首先需要分析消费者的大脑。定位的基本假设前提是:这个社会的传播已经过度,一般的说辞已经无法进入大脑,而改变人们想法的做法更是通往广告灾难之路;人们的大脑非常简单,只会记住简单信息。这样就产生一个问题:如何进军大脑,实现占位。

(二)基于营销的品牌创建理论

1. 基于顾客价值创造的品牌创建理论

基于顾客价值创造的品牌创建理论由美国学者凯勒提出。凯勒认为,品牌的价值基于顾客的认知,以及由这个认知而产生的对企业的品牌营销所做出的相对于无品牌产品而言的差异性反应,如果这个差异性反应是正面和积极的,则这个品牌就有正的价值;反之,如果顾客做出的是消极的反应,则这个品牌就有负的品牌价值。

2. 基于品牌识别的品牌创建理论

大卫·艾格的品牌识别理论是对凯勒的全面营销的品牌创建理论的极大补充。

该品牌识别模型认为,品牌识别系统的建设分为3个步骤,第一步是进行品牌的战略分析,包括:①顾客分析,具体分析内容包括市场趋势、动机、未满足的需要和市场区间。②竞争者分析,包括品牌形象、品牌识别、势力和战略、弱点等。③自我分析,包括品牌现在的形象,品牌历史,实力和能力,组织价值等。第二步是在这个内外环境分析基础上,设计品牌识别系统。品牌识别本身由品牌精髓、品牌核心和延伸识别3个部分组成。第三步是品牌识别的实施系统。首先是更形象化地诠释品牌识别,然后是进行品牌定位,积极向目标受众传播品牌识别和它的价值取向,再是品牌创建的一系列具体的活动,最后是效果追踪和评价。

(三)愿景导向型品牌创建理论

戴维逊认为,品牌可以看成是一个冰山,长期以来人们谈到品牌时,主要或基本上指的是品牌冰山的看见部分,然而这仅仅是整个品牌中露出水面的一小部分,通常就是品牌的名称、图案、色彩、口号和一些沟通广告等。这个可见部分确实重要,但是真正支持和支撑这个品牌看见部分的是隐没在这个看见部分下面的公司文化、制度、员工行为、组织、技术、营销等。因此,品牌创建需要品牌视觉设计、需要市场营销的有力支持,同时还需要有责任心的一般员工,乐于助人的客户服务部,高水平的研发人员和设计良好的物流系统等。

德·彻纳东尼在冰山模型基础上,提出一个系统的从品牌愿景到品牌评估的品牌创建理论。其基本模式是:试图理解顾客行为,从而设计独特的价值集合,满足顾客的生活方式。而品牌作为这组“独特价值”的表达和显示载体,通过定位、广告等沟通形式,告知目标顾客。一旦获得认同、记忆和形成态度,那么品牌创建目标就基本实现了。

第二节　水产品品牌建设的基本模式

案例："通威鱼"一直雄踞水产品行业的桥头堡，在中国各大超市一举成名，以其无泥腥味和其他异味、肉质细嫩、味道鲜美、健康安全的独特品质，深受广大消费者的欢迎和好评。通威公司在2001年开发出这一产品，现已在成都建立拥有10万亩规模的无公害鱼生产基地，12个产品经过国家的有关认证并获得政府颁发的证书。营销网络已覆盖了整个成都市场，在市区内已拥有100多个大型售场，300多个会员售点。

分析：在市场经济快速发展的今天，品牌经营是水产品行业飞速发展的有效途径。品牌化的竞争已经成为水产品行业的新动向。"通威鱼"有良好的生态环境，严格按照国家规定的无公害水产品生产技术和规程生产和加工，产品没受有毒有害物质污染，经过这一番精雕细琢，使得"通威鱼"成功地占有了市场。

一、创建水产品品牌的关键因素

不管是产品还是品牌，都有一个周期。水产品品牌建设是从诞生期到发展期，再经过成熟期和衰退期的一系列工程。因此，在规划做水产品品牌建设时，要延长发展期和成熟期，从而让企业的品牌更加巩固，赢得更多的忠诚客户，将企业的利润做到最大化。

1. 水产品品牌建设应该规划到公司战略中

水产品品牌不仅是一个独立的部分，它与企业的利润、企业的市场环境、企业的内外资源紧密结合,不可分开。所以,水产品企业在做战略规划时,就应该将水产品品牌塑造与企业宗旨有效地结合起来。在企业达到什么阶段,应该让用户对水产品品牌有什么样的认知,水产品品牌的宣传范围应该有多广。当水产品企业达到下一阶段时,又应该如何将树立品牌与企业的发展相结合。

2. 媒体不是品牌全部

现在的媒体,往往都是谁给钱多就替谁做宣传,对社会完全不负应当担负的责任。媒体的这种不负责任的心理为某些企业品牌迅速成长造就了契机,通过赞助某项活动或举办什么评选,而让品牌在一定的时间里在社会上造成一定的影响,提高企业的销售利润。他们把媒体当作塑造品牌的全部,完全没有考虑到品牌自身所蕴含的内在品质。

纵观中国企业品牌成长历程,大家可以发现,能够成为国内外优秀品牌的企业,是依靠服务、质量、价格起家的,那种单纯依靠媒体成长起来的企业,事实上却活不了多久。水产品企业一定要引以为戒,吸取教训,切勿通过媒体生势,“拔苗助长”的最终结果只会带来恶性循环。

3. 让水产品品牌融入水产品企业员工中去

常会见到这样的现象,一方面水产品企业在大力向消费者宣传自己的品牌概念,另一方面是企业自身的员工都无法解释自己的品牌究竟是什么。

对于消费者,他们对企业品牌的理解仅仅是一个标志或者一种感觉,稍微好点的是他们能够说出品牌的理念和标志的含义。

一些水产品企业把品牌的推广放在了广告部或者宣传部,而这些部门的职责往往被片面地孤立于对外合作,没有意识到对内的重要性。

4. 水产品品牌建设需要一个过程

水产品品牌不是短时间能够累积起来的,它是一个循序渐进的过程。在水产品品牌的建设时期,需要经历品牌定位、品牌架构、品牌推广、品牌识别、品牌延伸、品牌资产这几个步骤。

5. 诚信是水产品品牌建设的关键

诚信是衡量一个人的重要标准，在水产品品牌建设中，诚信尤其重要。品牌标志着企业的信用和形象，是企业最重要的无形资产。在市场经济下，环境每天都在不断地变化，谁拥有了品牌，谁就掌握了竞争的主动权，就能处于市场的领导地位。

让消费者满意，就能提升自身的品牌价值。这是衡量企业品牌的一个重要因素。但是如何让消费者满意，让消费者能够做水产品品牌的忠诚客户？答案只有两个字“诚信”！一些企业为了保护品牌，当事情发生时，不敢站出来承担责任。

我们常可以看到某某品牌由于技术原因，召回某年某月某日之前生产出来的产品。这种行为非但没有造成自身品牌知名度下降，反而提升了社会对该企业的认可。由此可见，水产品企业可以借鉴后者对待消费者的原则，以“诚信”为主要原则，将会给企业带来巨大的收益。

6. 多品牌发展战略

每个公司都拥有自己擅长和不擅长的东西，在品牌建设方面，水产品企业首先要认准自己的长处和短处，依据自身的特点，打造出自己的核心竞争力。

品牌是由厂家建设出来，灌输给市场，让市场接受，但是最终还是要消费者认可品牌。消费者的口味在变，风格在变。因此，企业单纯地依靠一个品牌很难获得长期的发展。

水产品企业需要的就是，充分了解消费者的心理需要，把握好他们的消费动机、购买需求、行为分析等，建立起多品牌的战略规划。

但是不管是单品牌还是多品牌营销，都要注意水产品品牌本身的统一。这样才能保持在一致中的个性化，建立起真正的水产品品牌。

二、水产品品牌建设基本模式

建设水产品品牌是一个长期连续的工作，应该由内而外进行建设。首先应改变企业对品牌的观念，增强品牌意识，然后设计出一条合理的品牌建设思路，循序渐进地建设。

要建设一个成功品牌,至少应该从以下几个方面入手,其基本步骤为:品牌调研、品牌诊断、品牌定位、品牌规划、品牌创意、品牌设计、品牌推广、品牌评估和品牌调整,这九步环环相扣,周而复始,并呈螺旋式上升。

1. 品牌调研

品牌调研是品牌建设的基础,需要水产品企业清楚以下问题:调研目的、调查内容、调研工具、调查方式、统计分析方法、调研费用等。

2. 品牌诊断

品牌诊断即透过现象看本质。通过专业人员科学的方法和经验,为品牌建设和发展确定最适合的方向。品牌诊断的主要内容:谁是企业品牌最主要的竞争对手,企业品牌是如何发展变化的,什么因素驱使消费者选择企业的品牌,企业品牌应该以什么样的形象出现,企业品牌核心价值是什么,有哪些品牌个性等。

通过品牌诊断,对以上问题进行清晰的梳理后,便可得出企业品牌现状,然后对症下药。

3. 品牌定位

品牌定位即企业的品牌及产品要明确自己的主张,设计其在消费者心目中的位置。通过品牌诊断,可以了解企业的品牌现状,品牌在消费者心目中的地位及区别于竞争品牌的地方。进行品牌定位和构建品牌核心价值首先了解企业品牌目标顾客群体的分布及特征,主要从人口统计、购买类型及行为、文化心理及个性等方面着手;其次了解企业品牌的竞争结构,各竞争对手品牌定位及价值情况,确认品牌与竞争对手品牌的共同点联想和差异点联想;第三,确立企业品牌战略架构,品牌核心价值的提炼,并基于顾客的各个层面确立表现品牌价值的品牌个性。

4. 品牌规划

品牌规划即品牌及产品的目标是什么,战略道路在哪里,战略部署及重点又是什么,策略原则如何定等。前几年中式快餐满怀热情欲与洋快餐一比高低,结果却在短时间内败下阵来。究其原因,缺乏品牌规划是主要原因。因此,从事水产品生产、经营的企业在创建品牌时,应做好详细合理的品牌规划。

5. 品牌创意

如果说，品牌建设的前四步是战略问题，那么品牌创意就是一个战术问题，它对企业建设品牌同样重要。它不仅需要企业有符合品牌定位的新奇想法，个性要鲜明，而且还要企业在广告创意、吉祥物的选择、事件营销及公关活动中要以新制胜，从而吸引顾客的注意力，形成良好的口碑和新闻效应。如"一只鼎"黄泥螺的广告：长着一双大脚、一对豆眼的黄泥螺的卡通形象，就是一个很有创意的广告策划例子。

6. 品牌设计

设计一个好品名，增强品牌竞争力，创造名牌是营销策划的主要任务，其中确定品名和标志又是一个重要环节，品名具有以下特点：易读易记，如"好当家"、"亲亲"八宝粥等；有一定寓意，如"一只鼎"黄泥螺、"兴业"鱼、"健力宝"饮料等；名牌与特定的产品相联系，如"阳澄湖"大闸蟹、"通威鱼"等；文化品位高雅，如"双鹤药业"、"元和正肝胶囊"等。

具有重大市场开发价值的水产品品种可试行直接采用品牌命名并加以注册。今后在水产品创新过程中，对新品种直接采用品牌命名并加以注册，然后以授权、许可的方式在特定范围内进行新产品的推广，实行产加销一条龙经营。这样不仅可以对水产品创新成果进行必要的保护，保证渔业技术再生产的正常进行，还能够以此为契机进行水产品品牌经营，创建名牌水产品，增强水产品的竞争力，避免恶意仿冒、恶性竞争现象出现。

7. 品牌推广

品牌推广即通过传播、广告等手段，使优秀的设计得到良好的沟通。利用广告媒体，促进名牌成长，广告特别是电视广告，在快速建立品牌知名度方面作用巨大，但知名度并不能完全带来销量的上升，美誉度才是促进销售及形成品牌忠诚度、促使品牌增值的主要因素。名牌的形成，离不开广告媒体的宣传，企业要根据自身的产品特点和市场特性，选择恰当的广告媒体。在上海最受欢迎的水产品莫过于阳澄湖大闸蟹，原因不仅仅在于它的美味，最主要的是阳澄湖大闸蟹生产企业对它的宣传力度。阳澄湖大闸蟹成功的经验告诉我们，好的品牌也须借助宣传手段。

8. 品牌评估

品牌评估是渔业企业建设品牌不可或缺的环节，包括多方面的内容，如：品牌产品功能、消费者态度、品牌认知、品牌媒体支持等，即：对品牌资产进行评估，也要对品牌建设的许多环节进行反省和评价，还要对一项措施实施一段时间后的效果进行检讨和总结。如海尔的“日清日照”管理法，对品牌评估的启示作用是显而易见的。

9. 品牌调整

品牌调整即对品牌评估之后，要有步骤地进行调整，好的方面要坚持，不符合发展的方面要改进。为此应该在每一个环节都要坚持以消费者的利益为出发点，满足消费者的需求，充分展现经营者的经营理念。名牌之所以成为名牌，不是局部或某个环节的名牌，而必然是整体的名牌，因此水产品企业要积极实施 CIS 导入，树立良好的企业和品牌产品形象。

小 知 识

水产品品牌的自我保护

品牌经营者为努力营造高知名度品牌，花费大量的物力和财力，然而枪打出头鸟，品牌的知名度越高，假冒者就越多，技术失窃的可能性也就越大，品牌搏杀竞争、品牌之间互相斗争、两败俱伤的现象也就越普遍，因此品牌经营者为使品牌健康成长，必须注意进行自我保护。

1. 让消费者识别水产品品牌

目前，假冒产品充斥着市场，各种假冒品牌已对各企业品牌造成极大的打击，如阳澄湖大闸蟹做了一次又一次的防伪标志，但还是被假冒。企业品牌经营者不能完全指望政府提供保护，也不能静观消费者觉悟，而应该主动出击，做好防范工作，全力保护自身品牌。因此，水产品企业应从以下几个方面来防止被假冒：

（1）要积极开发和应用专业防伪技术　有些品牌和包装的技术含量低，使制假者轻易伪冒，这是有些品牌的假冒伪劣产品屡禁不止的一个重要原因，所以必须采用高技术含量的防伪技术，从而有效保护企业品牌。水产品企业可以自己独立开发和应用防伪技术，也可以与专门防伪技术部门合作开发和应用防伪技术或企业直接向防伪专业部门定购已开发出的防伪技术产品。

不论哪种防伪方法，只要行之有效均可采用，或者结合采用，采用现代高科技含量的防伪技术是有效保护品牌的重要手段，这要求企业品牌经营者能够有清晰的认识、保持高度的警惕，综合运用多种高科技尖端技术，使一般人难以仿制。如娃哈哈纯净水就采用了电子印码、激光防伪、图案暗纹等多种防伪技术，阳澄湖大闸蟹也做了激光防伪。事实上，世界上几乎所有的知名品牌都采用了各种防伪标志，对保护品牌本身起到了一定的积极作用。

然而，拥有防伪技术并不是万能的。有防伪技术，也有反防伪技术、造假技术。目前我国产品市场上，防伪技术的应用比较混乱，防伪技术专业企业良莠不齐，使这个本应具有严格保密的行业失之监控，许多防伪产品陷入了防伪—假冒—再防伪—再假冒的恶性循环，迫使一些企业频繁更换防伪标志，消费者难以鉴别，无所适从，监督部门也难以监督。所以，必须不断加强对防伪技术应用情况的监督和管理，使之真正成为防止假冒、保护名优产品的有力武器。即便如此，反防伪还不够，企业还应积极打假，把防伪与打假结合起来。

（2）运用法律武器参与打击

1）提高认识，立足打假　假冒伪劣作为一种社会公害，是会长期存在的，不可能你一谈打假，假货者就会退出市场，要知道打击假冒伪劣绝对是一场长期的、持久的战斗，我们的企业经营者更要有长期作战的思想准备。

2)多投入人力、物力打假,打假要花费人力、物力、财力　西安太阳食品集团公司生产的"太阳"牌锅巴,曾经畅销全国。1990 年,锅巴的产值已达 1.85 亿元,创利税 3 000 万元。随着大量假冒"太阳"牌锅巴的出现,正宗"太阳"牌锅巴市场遭到严重冲击,每月销售量由 3 000 吨猛降到 300 吨。该公司为更新防伪技术,两年 4 次就耗资近 600 万元。所以,要打假就需要大量的资金投入。

3)成立打假办,有组织地进行打假　假冒伪劣历来都是毒瘤,渗透在市场的每一个角落,若没有一定的机构和专门人员去负责打假的话,其效果绝对是大打折扣的。鉴于此,我国许多知名企业都吸取了被假冒的经验教训,成立了专门打假机构,配备专职打假人员,积极参与打假,取得了显著成效。杭州娃哈哈集团公司为维护公司的商标权益和名誉,保护自己的名牌产品,于 1993 年 5 月成立了打假办公室,积极配合政府执法机关的打假工作,每年为公司挽回直接经济损失 320 万元。

企业必须加强对知名品牌商标的管理,制定专门的商标管理制度,把商标管理纳入全面质量管理之中。对商标的使用、标志的印刷、出入库、废次标志的销毁等,都要进行严格管理。为了加强企业内部的商标管理,企业应设立科学的、完善的商标档案,设立专门的商标管理机构,配备熟悉商标知识和商标法规的管理人员,使他们成为品牌的捍卫者。

此外,还可以向消费者普及品牌的商品知识,以便让消费者了解正宗品牌的水产品;与消费者结成联盟,协助有关部门打假,从而组成强大的社会监督和防护体系。

2. 控制品牌机密

当今世界是信息的世界,谁掌握信息,谁就把握了主动权。现实要求品牌经营者必须树立信息观念、高度整顿,保护自己品牌的秘密,防止丢失。

(1)要有保密意识　当今社会,各种间谍技术高超,信息手段发达,造成品牌秘密很难保住,稍不留神,就会给品牌造成不可估量的损失。

(2)谢绝技术参观和考察　经调查显示:在世界上,每一项新技术新发明领域中,有40%左右的内容是通过各种情报手段获得的,而许多经济间谍正是打着参观的幌子来盗取情报的。所以,品牌经营者有必要谢绝技术性参观和考察。

(3)严防家贼　正所谓"明枪易躲,暗箭难防",品牌的失密常常是自家人所为。家贼又可分为两种:一种是竞争对手派来当卧底的,另一种则是本企业的技术人员,为了更高待遇而跳到竞争对手那儿去。针对这两种情况,必须严格限制接触品牌秘密的人员范围。

第三节　水产品品牌建设

一、当前我国水产品品牌现状

我国出口的主要水产品品种与周边国家和地区,与南美洲、中美洲和非洲等发展中国家的出口产品的区别只是在数量上体现优势,完全属于数量扩张型增长,在产品成本、产品质量、产品市场、产品内涵上没有优势可言,甚至在产品形态、产品包装上都与别人相同。由于产品同质化现象严重,同属低价值初级产品,没有任何不可复制、不可替代性。因此,我国出口的大宗水产品商品附加值非常低。也由于商品同质化现象严重,没有自主品牌,我们的产品绝大部分都只能延伸到出口国的口岸,真正进入他国消费市场的水产品,都是被进口商重新包装,印上外国品牌商标的产品,还要被国际知识产权保护。因此,我国出口水产品的市场竞争力呈隐性下降趋势。因为我们没有挪威独霸全球的冰鲜三文鱼，没有冰岛、丹麦、加拿大无污染的熟制甜虾，没有澳大利亚的澳龙、美国的红龙、加拿大的深海鲽鱼头，也没有俄罗斯廉价的鱿鱼，更没有同属于发展中国家的墨西哥的人工养殖金枪鱼。

近年来，我国水产品企业创建品牌有了一定的发展，有了一些水产品品牌，2006 年中国名牌产品初选名单，共有 566 个产品进入中国名牌产品初选范围。其中水产品共 10 个，如舟山兴业牌鱼糜制品，好当家冷冻调理水产品、亿路发牌冷冻调理水产品、泰祥冷冻调理水产品、京鲁远洋冷冻调理水产品、正进牌冷冻调理水产品和昌华牌鱼糜制品等，这也是我国首次评选水产品中国名牌。在这之后，又出现了像獐子岛、国联水产、东方海洋、大湖股份等一批锐意进取的企业，我国水产行业品牌意识不断提升。未来我国水产行业必将沿着从无品牌到有品牌、有品牌到认品牌的路径发展！

二、我国水产品品牌建设的意义

从实用价值、经济社会效益方面，企业经营的最终目标是建立并发展能够创造利润的长期客户关系，实现企业长期目标的发展，而品牌建设是实现这一目标的重要手段之一。长期以来，我国水产品产量很大，质量却缺乏竞争性，引起质量不高的原因一定程度上在于水产品企业和广大水产品经纪人品牌意识淡薄，长期水产品品牌较少，名牌水产品更少。而品牌是产品品质的延伸，有代言品质的作用，因此，建设水产品品牌有极其重要的意义。

1. 实施水产品品牌战略是绿色消费的要求

绿色消费是在社会消费中，不仅要满足我们这一代人的消费需求和安全、健康，还要满足子孙后代的消费需求和安全、健康。随着生活水平的提高，人们将更加注重生活保健，吃营养、食保健、回归自然、返璞归真是人类发展的必然。另一方面，名牌产品在一定程度上代表着产品的质量，反映了绿色消费的要求。

2. 实施水产品品牌战略是提高市场竞争力的重要途径

在琳琅满目的同类竞争性商品中，能够进入顾客辨识和记忆系统的只能是少数名牌，而不是商品包装上的质量标准文号或绿色食品标志，因为后者只能反映产品的基本质量、卫生性和无毒害性，不能反映市场中千差万别的水产品质量差异，而绿色食品标记不是商标，无法律约束力，市场营销中极易发生假冒现象，且不易被查处。品牌具有一种特殊效应，并且可以向外辐射。水产品企业实施品牌战略，可以使自己的产品从众多竞争对手中脱颖而出，引起顾客指名购买的行为，迅速扩展市场的范围，在竞争中抢得先机。

3. 实施水产品品牌经营可以突破技术贸易壁垒

目前我国水产品在农产品出口创汇中位居第一、出口量居世界第一位，但在出口强劲增势的同时，也遭到发达国家贸易保护主义用技术贸易壁垒阻碍中国水产品的进入。因此，我国水产品行业要大力提高水产品质量，通过发展优质品牌水产品以增强总体竞争力，从而突破水产品技术贸易壁垒。

三、我国水产品品牌建设途径

1. 品牌基础

水产品企业要转变传统观念，树立品牌意识，要深刻领悟“一流的品质缔造一流的品牌”的含义，牢固秉持“品质基石、质量为本”的经营理念，重点实施标准化生产。广大水产品经纪人也要积极引导渔民提高水产品品质，需要制定和实施育种、养殖、加工、包装等各个环节的工艺流程和操作标准，使生产过程规范化、系统化，符合国内国际的有关市场标准。

2. 品牌定位

水产品品牌能否建设成功，关键在于市场定位。品牌的市场定位过程就是选择目标市场的过程。在选择目标市场时，要根据企业的实力，避开强大的竞争对手，选择竞争者尚未控制的细分市场，同时应用营销组合策略开辟市场，从而创建企业的品牌。中小型水产品企业要善于“见缝插针”，寻找并利用市场“间隙”，做到“专而深”、“小而精”，适当开发名特优水产品品种；水产品龙头企业则要发挥规模优势，提升水产品的技术含量与保健功能的开发水平，在发展无公害、绿色和有机水产品上做文章，给企业及产品确定恰当的市场位置。

3. 品牌形象

首先,好的品牌名称体现了优秀的企业信誉与良好的品牌形象,是企业的一笔巨大的无形财产,品牌必须有一个好听易记、顺口独特的名字以便在消费者中迅速传播开来;其次在商标设计上,力争做到新颖独特,增加商标、图案、色彩的欣赏感,展示出特色、精美与档次,体现出产品的科技含量和企业的文化价值。此外,品牌形象的设计应根据水产品本身及消费者群体的层次特征确定其形象定位,以达到提高品牌传播的效率,增强消费者对品牌的记忆度。浙江杭州千岛湖发展公司的淳牌商标就蕴含"纯一流的生产环境,淳一流的企业服务,醇一流的产品品质"等多层含义,不仅表明了产品的鲜明特性、产地的优良环境,同时还反映出生产企业的文化之基、经营之本等内在品质。

4. 品牌营销

品牌营销是把品牌优势转化为市场优势的必经环节,品牌经营者必须掌握先进的市场营销手段。要积极探索各种渠道模式,既可以用总代理、总经销、设专柜等方式鲜活销售也可以直接进超市、连锁商店,还可以通过网上销售,或利用水产品展销会与博览会、订单营销等途径。但在实际中,要考虑到企业的规模与实力的差异可以采取不同的渠道方式。若水产品企业资金雄厚,可以考虑建立直销网络,保证了水产品的质量,形成完善的消费者信息反馈机制。若企业规模不大,可以利用普通的经销模式,但为了避免发生类似普通水产品没有包装而易被假冒的现象需要政府健全市场监控体系,建立产品追溯制度。建议广大水产品企业在做广告时,不要仅仅停留在说明式的语言上,更要在理性诉求的基础上融入一些感性元素,如可以附带一些健康的食谱或者便捷的水产品处理方法等,从而实现品牌内涵、产品利益与消费者需要的高度一致。

5. 品牌延伸

水产品企业可以通过不断改善经营管理水平发挥员工的积极性,使用新技术,寻求更廉价的原材料,扩大生产规模,通过规模经济来获得企业实力的增强,进而扩大企业与产品品牌的影响力。从"一品一产"到"一品多产"、"多品多产",积极而又稳妥地将现有品牌名称扩展到新的产品和新的市场，扩展品牌的作用范围，以增加企业价值，延长品牌的作用时间，提升水产品的美誉度、知名度和消费者忠诚度。在具体的品牌拓展过程中，可以根据各种水产品品种的特点，有意识地开发一些消费品牌，并与餐饮业主共同发展这些品牌。比如早期的酸菜鱼、火锅鱼、麻辣鱼等，这些消费品牌的推出在很大程度上推动了水产养殖业的发展，是常规水产品的主要消费市场，水产品企业就可抓住这种机会，开发类似某某牌酸菜鱼的专供鱼品。依托品牌的延伸，拉长产业链，挖掘更大的市场效益。

四、我国水产品品牌建设的政策措施

过去我们的政策取向以利用外资和引进国外技术为主，现在转换经济发展模式，必须把鼓励自主创新政策摆在突出位置，高度重视发展企业自主知识产权和知名品牌。

我国目前尚未形成统一有效、覆盖全国的自主品牌和知识产权战略工作机制以及扶持政策体系。各个部门基本上在各自职能范围内开展工作，扶持政策还不够配套，没有形成合力。针对我国水产品行业必须尽快建立自主品牌和知识产权战略的各方面的协调机制，建立统一的政策规划和实施机制。

1. 政策上突出自主创新主导地位

（1）要运用财政、金融政策激励引导水产品企业技术创新和品牌创新　采用政府拨款为主的多途径资助方式，对重大技术创新项目重点资助；对一般企业创新、消化吸收再创新项目给予低息、贴息等优惠贷款；通过对要求立项资助、优惠贷款项目的评估、审批，有目的地引导，促使企业技术和专利向预定目标发展；鼓励重点企业发展名牌产品，选择技术含量高、市场前景好、有竞争优势的名牌产品；对企业技术引进、改造和开发等予以财政、金融等相关政策的重点支持。

（2）妥善处理自主创新与引进外资外国技术的关系　从政策指导思想上把引进外资和国外技术作为手段而不是目的。有选择地引进外资和外国技术，提高利用外资和国外技术的效率。选择性和附加条件应该是今后引进外资和国外技术的特点。

2. 开展以企业为主的产、学、研联合

水产品行业的持续发展离不开科技进步。而当前我国渔业科技支撑能力难以适应发展的需要,整体素质不高。产业层次比较低,基层服务能力存在弱化的趋势。在研究工作中,重实用技术轻基础研究,重经济效益轻公益性研究,重常规技术轻软科学研究,重大张旗鼓造声势而深入一线服务仍难到位。真正意义上的技术储备不足,实实在在的技术服务又捉襟见肘。同时,科研机构改革处于新旧体制交替之中,科研主体转换尚需时日,研究工作在低水平上重复的问题并未真正摆脱。

在国外,80%的科研在企业完成。我国高校和科研机构基本游离于企业之外,不能根据市场需求充分获取研发信息,技术和专利成果缺乏转化途径。我国水产品企业应该吸取国外经验,积极开展与科研机构或高校的合作,共建技术中心,共同研究开发课题,共建高科技实体。把基础研究、应用研究与企业实际发展要求紧密结合起来。

3. 建立水产品认证体系

水产品安全问题已成为国内外关注的焦点,防治餐桌污染,刻不容缓。国际市场对水产品药物残留超标的严格控制进口。近年来,我国部分水产品养殖密度高,病害越来越严重,有的盲目用药,加上水域污染,水产品一些药物残留对食品安全构成很大的威胁,影响出口创汇。要解决这个问题,必须规范水产养殖用药,科学规划养殖密度,推广适合各类养殖用的低危害的"绿色"药物,避免超量残留;推广生态养殖、无公害养殖,加强水域环境保护和管理,遏制生态污染。要推广"从水域到餐桌"全过程质量管理,从源头把住水产品质量关,保证按照国际标准组织生产和管理,提高产品质量,增强国际市场竞争力。建立和完善水产品质量标准体系和名牌水产品评价和认证体系,为名牌水产品的创建提供良好的服务。质量过硬是创建名牌水产品的基础,而对水产品而言,衡量其质量的主要依据是看其是否达到规定的质量以及卫生标准和生产过程是否达到标准化。名牌水产品的评价和认证体系可参照现行绿色食品的评价和认证模式来建立,严格按照水产品质量标准和生产模式化标准对各类水产品的质量状况进行评价、认证，对达到标准要求的水产品许可使用专门标志，确立其优质名牌水产品的身份。水产品的标准化评价、认证应在企业自愿基础上进行，不搞强制。为配合水产品质量评价认证体系的建立，要逐步取消各种形式的水产品质量评比工作，以杜绝以盈利为目的的虚假的质量评比活动。要结合我国实际，制定出具体的实施办法和细则，鼓励和扶持一批条件成熟的企业积极申报 HACCP 体系认证，并逐步使我国水产品的质量认证工作由自由态过渡到强制性，从根本上保证上市水产品的质量与安全，增强国际竞争力。

4. 加强水产品质量保证体系和服务体系建设

标准化生产是创品牌的前提，高质量的水产品通常不但要具有产品的技术标准，还要具有产前、产后的渔业技术标准，实行标准化生产，从养殖水域选择、鱼种选养培育、饲料肥料使用、渔病防治、鱼药使用等各方面必须按照国家规定的相关标准执行，实现水产品从池塘到餐桌全过程质量控制。为适应我国加入 WTO 的要求，水产品的生产、加工及流通中的技术要求，将逐步纳入 HACCP 水产品质量保证体系，实现与国际接轨。

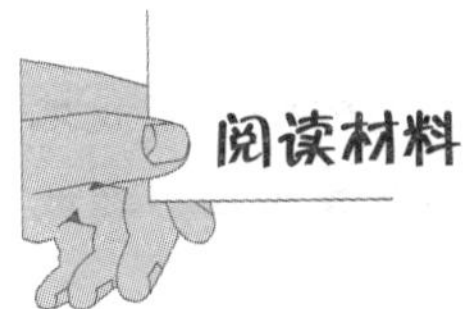

“一只鼎”品牌建设之路及其启示

一、“一只鼎”品牌建设之路

上海新星天然食品有限公司成立于 1991 年。公司将充分反映本地文化的“一只鼎”作为产品品牌，作为企业的追求，坚持质量取胜的方针，实行全程控制。公司的产品荣获国家绿色食品证书；2001 年，产品通过 IS 9002 国际质量认证体系；2003 年顺利通过 ISO 2000 论证，同时通过 HACCP 认证；产品连续多年被评为上海市畅销产品、上海名牌产品称号、上海市著名商标、中国国际农业博览会名牌产品、上海市农业产业化重点龙头企业，被同行称作是从事江南特色食品的“小巨人”。它是如何崛起的呢？

1. 从培育品牌做起，突出产品特色

在全国成千上万食品生产企业中，一个只有16年历史的年轻企业，如何成功经营具有“中华传统”的美食呢？一只鼎食品有限公司先从培育品牌做起，而培育品牌的关键是产品特色。“一只鼎”的产品特色就是做传统食品，但绝对与一般记忆中的传统食品不一样，是源自产品口味、工艺、包装、食用方式等各个方面的创新。

在消费者的刻板印象中，黄泥螺从来就是咸咸的、软软的、含沙的，食用时常弄得满口是沙。“一只鼎”通过清水放养、温度控制等工艺，让黄泥螺自行吐沙，在市场首推“无沙黄泥螺”。因为改变了黄泥螺带沙入口的传统，在同类产品中迅速异军突起，一直保持60%以上的市场份额。

咸中带鲜，是黄泥螺的传统口味，但是对青年人缺乏吸引力。存量消费者越来越少，增量消费者不能增加，黄泥螺市场规模就相当有限。“一只鼎”通过市场调研，找到了扩大市场份额的突破口：创新口味。辣味型、清甜型等黄泥螺一上市，就受到年轻消费者的欢迎，也得到年长消费者的认可。在包装上也紧跟时代潮流，开发出四连杯，既方便又卫生，一直十分好销。

“一只鼎”的另一个强势产品水晶年糕，也是因为创新而与众不同，让消费者告别回家切片、蒸煮的麻烦，既有只需微波炉转一转就可食用的速冻年糕，又有开水直接冲泡的方便年糕。

产品创新给了产品特色，也赋予了品牌内涵。在消费者的心目中，“一只鼎”是一个不断创新的农产品品牌。

2. 经营模式：整合资源，跨区域经营

“一只鼎”诞生在上海，拥有大都市的市场、技术、管理、信息等优势；劣势是上海的农产品品种不多，单一品种规模有限，传统食品资源也比较少，维护品牌的市场稳定性存在难度。如何放大优势、缩小劣势呢？“一只鼎”选择了这样一个经营模式：跳出上海，以品牌为龙头，在全国范围内整合中华传统美食资源。即以我为主，按照现代消费需求，致力于卫生、口味、规格、包装等标准的设定，通过定牌生产，将大量社会生产资源为我所用。

这种经营模式的关键在标准。临安扁尖原本大多简易包装，保鲜期仅有2个月，不符合出口销售的要求。“一只鼎”专门派人去当地，提供真空包装生产标准、技术标准和质量标准，将保鲜期延长到9个月，真空包装的临安扁尖，如今大量出口到美国、加拿大等海外市场。金华火腿在上海曾被喻为“机关枪”，长期以整条、整块销售，不符合现代消费习惯，“一只鼎”遂将其改为真空切片包装。全国各地不少中华传统美食借“一只鼎”品牌优势，顺利进入海内外市场，目前仅进入海外市场的主要产品就有60多种。

在这种整合经营模式下，“一只鼎”产品队伍不断壮大。一个品种不够，就在“糟醉系列”里增加了蟹股、蟹糊、全雌蟹、酱河蟹、螃蟆、河虾等；一个系列不够，就将水晶年糕、金华火腿、临安扁尖、无锡肉骨头、湖州粽子等“招”至旗下。

“一只鼎”的产品特色，加上经营模式，成就了“一只鼎”品牌的崛起。只要是打上“一只鼎”品牌的糟醉、米面产品，市场价格就要比同类产品高出20%。产品优质、优价、俏销，农民也能从中受益。据统计，“一只鼎”每年平均能为提供产品原料的每个农户增收5 000元。比如，雪菜产地南汇、奉贤等地的不少农民，与“一只鼎”之间有着紧密关系，不仅能得到企业免费提供的种子，生产过程中还能得到技术指导，更重要的是，雪菜销售能够得到保障。

3. 品牌建设之道

品牌是企业的生命，是企业最有价值的资产。作为上海市的畅销品牌、著名商标，“一只鼎”已家喻户晓、深入人心。如何加强品牌维护和品牌建设，进一步提升“一只鼎”的美誉度和知名度，已成为“一只鼎”公司工作的重中之重。

为了确保目标的实现，“一只鼎”公司提出了品牌建设的具体措施：

产品创新给了产品特色，也赋予了品牌内涵。在消费者的心目中，“一只鼎”是一个不断创新的农产品品牌。

第一，把品牌理念融入企业文化建设中，提高全体员工对“一只鼎”品牌建设的认同感和责任感。坚持以先有品牌意识，才有企业的更好发展的理念。

第二，充分利用农业产业化龙头企业的优势，借助国家对“三农”的重视和政策优势，更好地发展壮大“一只鼎”。

第三，继续采用品牌延伸策略，闯“一牌多品”之路。

第四，强化企业品牌内涵和经营理念的软广告，增加营销活动的知识含量，赋予传统食品符合新时代的理念——“安全、卫生、美味、方便”，提高顾客对“一只鼎”品牌的认知度和忠诚度。

二、“一只鼎”经营与品牌建设的启示

从黄泥螺起家的“一只鼎”已成长为一个具有产业带动力的农产品品牌。从“一只鼎”的经营与品牌建设之路可以得到许多启示，“一只鼎”的成功在于：

第一，“一只鼎”品牌以创意的品牌命名，独特的广告策略，迈出了第一步。以“一只鼎”作为品牌名称，让消费者有“品质好”的联想，“一只鼎”刚起步时，以小小的黄泥螺起家，但是，其广告令人耳目一新，靠其广告和产品占领了市场。

第二，练好内功，不只为品牌而品牌，在产品、管理和市场方面把好关。以往人们吃黄泥螺，会发生肚子疼的情况，针对此种情况，“一只鼎”率先向中国人民保险公司投保500万元“产品责任险”，公开承诺：凡是在中国境内因食用本公司糟醉食品而致病，并有当地卫生防疫部门证明的，由保险公司赔偿。其实，这一举措，也基于保险公司对“一只鼎”产品质量的信任。“一只鼎”的成功也来自于产品创新，以市场调研做基础，市场需求为依据，对产品进行味道、包装等方面的创新。

第三，分担风险，保护已有的优势品牌，不同档次的产品另打新品牌。“一只鼎”旗开得胜，“新星”公司树起了宝贵的品牌。但他们又想到了再打其他品牌。这样是不是对“一只鼎”品牌资源的浪费，实际上这正是出于对“一只鼎”的保护。

如今的“一只鼎”又相继开发了米面制品系列、腌制系列、中式营养糖果系列等总共四大食品系列30多个品种，特别是其中的南枣核桃糕、真空水晶年糕、黄金雪菜等主力产品。目前，该公司的经营规模虽还不算大，但已把发展目标瞄准了全面占领保鲜中华餐饮领域。这就意味着，该公司还将做更多品种农产品的精深加工，这就无形之中增加了“一只鼎”品牌的风险。独特的经营模式，加上“一只鼎”的产品特色，成就了“一只鼎”的品牌崛起。

第四，坚持走品牌经营之路，为“一只鼎”争夺了市场。培育一个品牌不容易，所以要懂得爱惜它。该公司将对产品品种进行分类、整合，不同档次、不同层面的产品实行分品牌经营，档次较高、成熟的产品仍划归“一只鼎”旗下，新开发的一些低层面产品，由于存在许多不确定的因素，如产品的技术含量还不高，会带来一定的风险，不妨先打别的品牌，等到该产品“长”大了，各方面的条件也成熟了，再打“一只鼎”的品牌也不迟。

第六章　水产品物流

我国水产品行业的发展离不开具有信息化、自动化、网络化、智能化、柔性化特点的现代物流与之相配套。本章通过对水产品物流特点的分析入手，揭示水产品物流特性所包含的特殊制度含义，然后以现行我国的水产品物流体系为例，分析我国水产品体系的物流结构，分析存在的主要问题，使广大水产品营销人员以及水产品经纪人，对水产品物流有更深刻的认识，以便更好地开展营销工作。

案例1:海南将建国家级水产物流交易中心

海口市农村信用合作联社与海南蓝海水产投资开发有限公司近日签订银企合作协议,共同推进海南蓝海(国家级)水产物流交易中心建设,将对入驻商户和企业采取"一户一策"的方式,进行金融业务创新,力争把海南蓝海(国家级)水产物流交易中心打造成海南互联网金融的示范园。

根据入驻蓝海水产交易市场商户和企业的需要,海口市农村信用合作联社不但提供网上银行服务,帮助商户和企业实现安全、方便、快捷的资金结算,还提供现金管理和物流金融业务等服务;为入驻商户和企业提供贷款申请审批的绿色通道,提高审批效率;对入驻商户和企业发放贷款的期限、利率给予适当优惠。

由海南蓝海水产投资开发有限公司投资近5亿元建设的海南蓝海(国家级)水产物流交易中心,是海南目前最大、功能最齐全的水产交易市场,位于海口市桂林洋经济开发区,具有较强的市场竞争优势和较大的市场发展空间。

案例2:天津水产集团打造安全可靠的冷链物流体系

21世纪以来,天津的国有水产企业整体转制为水产集团,通过对外引资合作,投资新建了一批冷链物流项目,实现了国有水产企业的新一轮转型升级。2003年与台湾企业合作投资,在天津滨海新区建成北方最大的五洋海产超低温金枪鱼精深加工基地,企业按照国际标准加工金枪鱼,返销国际市场,年加工能力3 000吨,出口创汇2 000万美元,大大提升了天津水产品加工业的产业档次。2004年引进外资对老的国有水产供销企业实施改制,改造、提升了冷库与市场经营运营管理方式,创立"陈冷"的市场品牌。

随着水产品(冻品)冷链物流、畜禽饲料生产、远洋渔业、物产经营被确定为集团四大产业板块,一个重大项目的开启又为水产集团翻开了崭新的一页。2007年,按照天津城市规划的总体要求,集团采取引资合作的方式实施，将陈塘庄水产冻品交易市场搬迁东移至东丽区外环附近，启动建设占地230亩的鑫汇洋冻品冷藏物流加工基地。经过两年多的拼搏努力，这个目前本市最大的单体超5万吨的冷库建设项目，已建有冷库10万吨，且承担着本市居民所需大宗肉类冻品、国家储备肉、冬储菜的冷冻冷藏任务，充分发挥了行业龙头作用。

分析：水产品物流业是现代食品物流体系中专业性较强的行业物流。水产品具有生物属性，大部分属于鲜活产品，容易腐烂变质。水产品大量起捕后由于环境变化较大，特别是海洋渔汛和海淡水养殖产品收获季节，鱼货集中，极易腐败变质而失去水产品的价值，质量事故产生的风险较大。因此，现代水产品物流必须构建冷链系统，并逐步改善渠道上游、渠道下游的延伸冷链。水产品生产具有明显的周期性、季节性、集中性、区域性、技术性等特点，但人们对水产品的需求具有经常性和随意性。因此，水产商业企业增加了冷冻冷藏设施，提高水产品贮藏和吞吐能力，从而调剂旺淡季的市场供应。

第一节 水产品物流概述

一、水产品物流的概念

物流是指为了满足客户的需要，以最低的成本，通过运输、保管、配送等方式，实现原材料、半成品、成品及相关信息由商品的产地到商品的消费地所进行的计划、实施和管理的全过程。物流通常包括商品的运输、配送、仓储、包装、搬运装卸、流通加工以及相关的物流信息等环节。

所谓的水产品物流是指以满足顾客需求为目标，运用现代化的物流手段，对水产品物质实体、相关服务及信息从供应源到消费源所进行的组织、控制与管理的经济活动过程。它是由水产品生产、收购、运输、流通加工、储存、装卸、包装、配送、分销与信息等一系列运作环节组成，并在整个过程中实现了水产品保值、增值和组织目标。

具体而言，水产品物流是由一系列创造时间价值、空间价值和加工价值的经济活动组成，将水产品运输、储存、装卸、搬运、包装、保管、库存管理、流通加工、配送、信息情报处理等基本功能和服务实现有机结合。现代水产品物流服务在外延上正在开拓：向上游扩展到水产品市场调查与预测、水产品采购与订单处理；向下游延伸至水产品客户支持、水产品配送、水产品物流咨询、水产品物流方案选择与规划等。外包仓库与高速交通网是水产品现代物流的基础。

二、水产品的特点对物流系统的要求

1. 满足顾客对水产品多品种、小批量订货和处理的要求

水产品物流的货物品种多，这是因为水产品资源丰富，品种繁多。各种鱼、虾、蟹、贝多达千种。一些大宗经济水产品亦达百余种，还有冷冻、干制、腌制、罐制、调味品、鱼糜制品、营养保健品等多种加工制品。但就单个水产品种类讲，饭店或超市等顾客每天需求或订货批量往往只有近 100 千克。

2. 满足保持水产品鲜活性的要求

水产品通常是鲜活或生鲜商品，客户对其保鲜和色泽等要求很高，其保质期很短，所以水产品在物流过程中需要快速流转。因为鲜活性，部分水产品需要冷藏和冷链，需要分为常温品、低温品和冷冻品等不同属性进行储存和运输。例如，生鲜高档金枪鱼保鲜储存和输运，甚至需要 -60℃ 的超低温冷库设备。

3. 满足包装良好、防止腐变的特殊要求

水产品水分含量高，体组织酶类活性强，容易腐烂变质。水产品行业从生产第一线开始，船上保鲜、码头起卸、挑选加工、冻结入库、运输中转、市场销售等都涉及包装问题，如果水产品物流没有良好的包装或容器就会导致到手的水产品变质，如按照 1% 的损失率计算，中国全年将损失水产品 45 万吨，折合经济损失 50 多亿元。

4. 满足缓解水产品需求量不平衡性的要求

由于生活的地理环境差异很大，水产品消费人口分布不均匀。

例如,中国70%人口集中在东部沿海一带,加上东部居民具有消费水产品的偏好,使内地和沿海水产品消费有明显差别或不平衡性。此外,水产品具有季节性集中生产和均衡性消费等特性,水产品物流系统必须缓解需求量的不平衡性。总之,水产品物流过程显得复杂和棘手,有时将影响物流经营的成本和效益。

三、水产品物流的特点

1. 水产品物流业使水产品成本迅速降低

以前传统水产品物流中海洋捕捞产品从捕捞上船后,经过碎冰保鲜到港卸货然后快速冷冻进冷库冷藏或海水降温保温直接拨运进市场,由于冷链的不完善、冻结加工技术和工艺的落后、装运卸过程管理的不科学,经营思想观念落后于现实需要,水产品到达物流终端的消费者手中时其鲜度已大打折扣,质量得不到保证。以四大家鱼为主的活水鱼运输为例,由于从池塘到菜市场道路条件的限制和运输工具、设备及管理的落后,鱼的成活率较低,一次运输量又少,配送不科学,很难满足商品批发市场上顾客的需要,水产品成本很高。

2. 水产品物流表现形式十分丰富

由于市场需求的发展变化,水产品来源渠道越来越多,相应的物流形式也丰富起来。高档鲜活水产品从国外直接空运进国内,冷冻集装箱水产品通过海运、铁路运输和冷冻冷藏车长途联运,泡沫箱塑料袋活鱼包装零担运输和活水车运输等。根据水产品不同的特点和要求相应的物流形式几乎都能够找到货主满意的途径。

3. 水产品保鲜水平大大提高

由于大量采用低温冷藏运输和活水车,制冷充氧设备的运输,加上发达的高速公路网、先进的信息技术、科学的管理,水产品到达物流终端的鲜活程度几乎没有降低,如从国外进口冷冻品,从标准低温集装箱到进入冷库或商店都保持在-18℃以下,而活鱼运输成活率甚至可以到98%以上。市场上质量上乘鲜活程度高的产品到处可见,饭店里可以直接品尝的海鲜与产地品质相差无几。

4. 电话和网上订货销售已经开始运转

随着物流加工技术和物流中包装技术的运用,广告宣传结合电话网上预约送货上门，近年来水产品礼包、品牌大闸蟹、高档海产品销售方式频频出现。1 年中，通过电话和网上交易达到几十万营业额的公司已经为数不少。因此，借助低成本方式进入流通渠道的手段实践证明效果良好，加上社会“快递”公司的送货网络支持，这种新的销售模式有迅速壮大的趋势。

5. 科学技术运用于管理水产品物流工作中

GPS 卫星定位技术、网络摄像头跟踪货物运输过程，使水产品经营管理者在办公室就可以方便而有效地结合手机通信管理千里之外员工的装卸过程，远距离遥控变化现实，可防止由于员工的不规范行为而造成的人为损失。

6. 公路运输已经代替水上船运而且效率远远超过船运

船运历来是水产品运输的主要手段，船靠码头装卸货非常热闹，沿海沿江沿河水产码头带动了水产品市场的兴旺。随着高速公路的建设，船运方式逐年减少，水产品依赖船运程度迅速降低，而灵活快捷的公路运输已成为水产品运输的主力军。

7. 水产品物流中心迅速向销地等中心城市转移

像上海、广州、天津这样的大城市，国家传统交通网络、现代高速公路、港口建设和航空运输发展集于一体，产品、信息、人才、资金、技术等水产品物流所需要的要素高度集中，具有向全国甚至世界辐射的基础和功能。同时，这些城市商务活动频繁，人们生活水平相对较高，城市自身的水产品消费数量集中而且巨大。例如，上海集散地作用越来越明显，虽然上海的办公场地、生活费用开支比较高，但是，这几年从产地转移到上海来经营水产品的公司越来越多，这充分反映了中心消费城市的市场在水产品物流中的龙头地位，这对于水产品经营商具有很强的吸引力。

8. 水产品批发市场已成为整个水产品物流链上的核心节点

在大城市各种水产品都有适合自己的批发市场，各种水产品物流形式都在物流中心——批发市场中充分体现。如上海近 10 个主要水产品批发市场的年交易额占整个水产品交易总量的 60% 以上。一些主要水产品，如四大家鱼、黄鳝、大闸蟹等基本上都是通过批发市场来周转的。从上海目前市场发展的规划来看，新市场建设中都意识到必须把物流中心建设放在重要地位，市场要有足够大的停车场及与其配套的各层次高、低温甚至超低温冷库。同时，各种满足水产品物流的现代、快速、高效的网络平台、POS 技术、卫星接收和发送技术、拍卖支持技术、产品远距离展示技术等通信技术都被利用，还有与物流有关的服务业，如制冰、水泵等器材，产品包装物，货物打包，托运代理等，以市场为核心带动水产品物流发展的作用越来越突出。

9. 水产品第三方物流在逐步发展之中

随着现代服务业的发展，社会物流配送企业不断兴起，基本能够满足水产品供应商等客户的要求。目前，在水产品流通过程中，委托给第三方来承担的情况有一定市场，但总的比例不高，尤其对有规模水平的水产品企业，由自己拥有车队运输较多。专业化和有可靠信用保证的物流企业涉及水产品行业，由于调配更趋科学合理，各种物流损失大大减少，使物流成本在竞争格局下迅速降低，同时确保了水产品在流通过程中的安全。

第二节　我国水产品物流

从 1985 年国家完全放开水产品价格起，凭借着丰富的淡水和海水资源及低廉的劳动力资源，我国水产品行业发展迅速。在水产品行业生产发展的带动下，水产品物流也得到了良好的发展。

一、水产品物流的兴起

1. 水产品物流的规模不断扩大

一方面，我国是水产品生产大国，水产品产量连续 25 年位居世界首位。2014 年水产品总产量已发展到 6 450 万吨，占世界总产量的 35% 左右，其中，内陆水产品产量4 762万吨，捕捞水产品产量1 688万吨。另一方面，水产品对外贸易发展迅速。2002 年我国水产品出口额首次超过泰国,位居全球第一。2014 年,水产品进出口总量为 844 万吨,总额达到 308. 3 亿美元,其中:出口量 416. 3 万吨,出口额 216. 98 亿美元,占农产品出口总额的 30. 5%,继续位居大宗农产品首位;进口量 428. 1 万吨,进口额 91. 86 亿美元。

2. 初步形成了水产品物流体系

目前,我国已经初步形成了以水产品批发市场为主渠道,以城乡集贸市场为基础,以副食商场、生鲜超市、个体水产商店和生产企业直销等销售业态为网络的水产品物流体系。目前,全国共有水产品专业批发市场 380 多个,成交额达到 5 亿元的有 298 个,其在主产区、主销区和主要集散地有 18 个农业部定点的专业批发市场。现代化的水产品物流中心、物流园区在天津、烟台、珠海、厦门、大连等地不断出现;以生鲜超市、水产品经销公司、水产品配送中心等为代表的新兴水产品流通方式也取得了初步发展。

二、水产品物流的初步发展

1. 物流基础设施、设备开始改善

一方面,交通条件大大改善。另一方面,水产品物流专用设备不断增加。目前,全国冷藏保温汽车的拥有量超过 5 万辆,而且冷藏保温汽车生产的品种已达到 100 多种;铁路冷藏保温车 8 000 余辆;全国冷库数量达到9 273。近年来,我国冷藏集装箱制造业也发展迅速,正逐步成为世界冷藏集装箱生产大国,每年生产国际标准冷藏集装箱约 4 万只。

2. 水产品加工增值能力有所增强

加工增值是水产品物流的重要内容。目前,我国已初步形成了包括鱼糜制品加工、紫菜加工、烤鳗加工、罐装和软包装加工、干制品加工、冷冻制品加工和保鲜水产品加工、医药化工和保健品加工在内的现代化水产品加工体系,水产品精深加工水平有了明显提高。通过水产品加工向系列化、多样化和高附加值方向发展,进一步拉长了产业链,实现了水产品的二次、三次加工增值。但从总体上看,水产品加工增值能力仍然较低。据 FAO 统计,世界水产品产量的 75% 左右是经过加工后销售的,而我国目前的加工比例仅占产量的 30% 左右，其中占水产品总产量60%以上的淡水产品加工的比例还不足5%。目前除鳗鱼、对虾加工已形成一定规模外，其他水产品的总体加工程度较低。水产品加工企业的总体竞争力不强，加工技术含量较低，高附加值的产品少，加工废弃物综合利用水平不高。虽然，不少水产加工企业已通过ISO质量认证及HACCP认证，但是具备较高认证水平的企业还不多，同时获得美国FDA认证和欧盟认证的企业更少。

三、水产品现代物流进一步发展

1. 水产品冷链物流发展

水产品冷链物流是水产品在冷链环境下加工、储藏、流通、消费和贯穿于从捕捞到产品销售的科学管理，并经信息网络产生综合经济效益和社会效益的物流形式。冷链是一种特殊的供应链，是生鲜水产品的主要物流方式。近年来，中国水产品冷链物流有所发展，这是适应市场的需要。我国水产品质量保证体系建设上经历了3个阶段：冷藏库阶段（20世纪80年代），以冷藏保鲜为主；冷藏链阶段（20世纪末），冷库与冷藏车和恒温设备结合保鲜为主；冷链物流阶段（21世纪初），是在前2个阶段基础上，建立信息网络，维护良好资源、生态环境，更重视冷链物流整个体系的成本核算。

2. 水产品物流信息化程度的提高

近年来，水产品物流信息化水平有了较大提高。目前，水产专业网站已有100多家，综合性和专业性物流网站已达到1 000多家，而且数量还在增加；许多水产品生产企业、加工企业、商贸企业、中介组织、物流企业都建立了自己的网页；连锁管理系统、订单管理系统、仓库管理系统、货运信息平台、与水产品物流相关的电子商务等软件的开发也都取得了明显进展。

3. 水产品物流受到各方面的重视

国家加强了相关的法制建设和政策研究，制定修订了《水产品苗种管理办法》、《水产批发市场管理办法》、《水产原良种场生产管理规范》、《海、淡水无公害养殖用水水质标准》、《无公害养殖技术规范》、《无公害食品、渔用药物使用准则》、《关于加快农产品流通设施建设的若干意见》等。从2001年开始每年持续发布“中国渔业生态环境状况公报”。2005年1月19日，农业部又发布了10项无公害水产品行业标准。各级地方政府也加快了水产品行业立法的步伐，加强了对水产品物流基础设施、市场体系、信息体系的建设，大部分省市都开通了农产品运输绿色通道。一些专业物流企业也开始涉足水产品物流领域。

从20世纪80年代中期开始，国家开始逐步取消水产品的统购派购制度，实行多家经营、多渠道流通，同时开放水产品市场，包括恢复农村水产品集市贸易，建立城市水产品市场和多种形式的水产品批发市场，建立顺畅的养殖、捕捞水产品出口贸易渠道，进而形成了现行的水产品物流体系，并据此形成了一个相对稳定的水产品物流结构。

我国现行生鲜水产品的物流通道大致包括以下几条：

通道一：养殖、捕捞户—城市水产集贸市场；

通道二：养殖、捕捞户—产地批发商—销地批发商—零售终端（各类）；

通道三：养殖、捕捞户—贩销户—零售终端（主要是城市水产集贸市场、集团购买者）；

通道四：养殖、捕捞户—贩销户—销地批发商—零售终端（各类）；

通道五：养殖、捕捞户—合作组织—销地批发商—零售终端（各类）；

通道六：养殖、捕捞户—合作组织—零售终端（连锁超市、便利店、集团购买者）；

通道七：养殖、捕捞户—加工企业—零售终端（连锁超市、便利店、各类食品店）；

通道八：养殖、捕捞户—合作组织—加工企业—零售终端（连锁超市、便利店、各类食品店）；

通道九：养殖、捕捞户—加工企业—销地批发商—零售终端（连锁超市、便利店、各类食品店）；

通道十：养殖、捕捞户—合作组织—加工企业—销地批发商—零售终端(连锁超市、便利店)。

在上述10种类型物流通道中,通道二、通道三、通道四主体间的关系基本是纯粹的市场关系,在通道四中,销地批发商与贩销大户之间有些具有相对稳定的合作关系,但仅限于作为交易对手的稳定关系,并无直接利益相关的合作;在通道五、通道六中,养殖、捕捞户与合作组织之间联系较为紧密,通常有合作章程约束双方行为,保证双方利益,合作组织与其他主体间仍以市场关系为主,部分有合约关系的存在;通道七、通道八是目前水产品物流体系中建立起最为紧密的主体间关系的领域,通常以加工企业为核心,与上下游主体间通过合约相连,或者直接走垂直一体化的道路,当然仍有相当一部分加工企业与上下游主体间保持纯粹的市场关系。通道九、通道十与通道七、八相比,加工企业与下游的主体间又回到以市场关系为主。综观以上10条主要的水产品物流通道的构成可以看出,纯粹的市场交易关系是目前我国生鲜水产品物流的基本结构安排。

阅读材料

日本的水产品物流体系

2005年11月9日,中国物流媒体访问团考察了位于日本东京都大田区的日本水产株式会社东京综合物流中心。这是株式会社大福在日本众多项目中的一个经典案例。东京综合物流中心大西隆所长在访问团参观后向大家介绍了日本水产株式会社及物流综合中心的基本概况。

日本水产株式会社成立于1911年,主营业务由最早的捕鱼发展到后来的销售、加工再到后来以冷藏库为中心的保管业务。到了20世纪90年代,冷藏库业在只出租空间的保管业务中,很难再生存下去。日本水产株式会社结合大量的国内外供货据点和加工据点的经验,开始构建水产食品供应链,立志成为"在水产上有特色的食品生产商"。1999年10月,日本水产株式会社用东京综合物流中心取代了原来的晴海冷冻工厂，使之成为关东地区的新冷藏物流据点，而且赋予这一据点同时拥有保管和物流中心两大功能。该物流中心总投资大约为60亿日元。

该物流中心除了作为本公司商品的物流据点外，还进行以保管业务为主的冷藏库业务、量贩店的物流中心业务等，同时也是其他食品生产商、零售商及大规模连锁饮食业的第三方物流供应商。其销售目标是每年15亿日元。

目前，该物流中心的销售收入已占整个企业的20%以上，向东京圈内的80余个超市送货，同时也向一些商店及餐厅配送食品。

为了应对客户各种各样的需求，该物流中心拥有4个温度带（常温、冷藏、冷冻、超低温）的保管设备，可对应多品种的商品（其中，F级冷藏库要求温度在－25℃以下，SF级超低温冷藏库要求温度在－50℃以下）。先进的设备与技术使得物流中心的商品损耗量保持在0.004%以下。在各保管设备中，物流中心可以平行进行分拣作业。平均每天分拣2～3次。另外，该物流中心具备商品的分类、再包装、标价、验货等物流加工机能。因为食品的保鲜期非常严格，所以该物流中心的目标是，在减轻客户负担的同时提供快速服务，把货物更快更好地送到客户手中。

以自动冷藏仓库为主，引进高速搬运台车、高速自动分类装置、移动货架等最新物流系统，实现各工程的高效率并防止作业出现失误。另外，从接收进货到出货全过程使用电脑管理，正确地进行库存管理及出货。

该中心采用HACCP（危害分析重要管理点）概念的安全设计。另外，安装对接密封装置、空气密封装置，分拣作业场所和站台等的温度也一直保持在5～10℃。冷藏车内也有温度分区，以保证不同商品的不同存储效果。

另外，在自动冷藏仓库中采用防震构造，可在地震时保护商品。

第三节　水产品物流所面临的问题及解决措施

一、水产品物流发展面临的主要问题

1. 管理体制问题

水产品物流发展涵盖的内容非常多。物流各种作业分属于不同部门管理，而物流活动又贯穿于农工商企业的生产、流通活动之中，涉及各个农业、工业、商业管理部门。由于在整个社会范围内缺少一个宏观的管理协调机构，部门之间、地区之间权力与责任交叉重复，造成水产品物流过程的人为分割，在规划、建设上也难以做到科学有效地统一配置资源，在物流运营的过程中也会遇到各种障碍（如各种运输方式的有效衔接问题），造成物流资源浪费、物流效率低下，严重制约了水产品物流的发展。

2. 技术问题

技术问题是制约水产品物流发展的重要因素。①运输环节：科技含量较低，各种运输方式的衔接不配套，装卸方式自动化水平低，智能化运输设备和专用工具严重不足，计算机网络管理的高新技术应用少。②仓储环节：现代化鲜活水产品恒温仓储技术、库存控制技术普及率较低，检测技术较落后。③加工环节：技术含量低，深、精加工产品少，转化能力差，国外广泛使用的高压技术、微波技术、超临界提取技术、冷冻关联技术、微胶囊技术、膜分离技术在我国应用得很少。④保鲜环节：传统技术使用多，冰温气调保鲜、减压保鲜等新技术应用少。⑤信息处理环节：过程控制的自动化和综合业务管理的信息化程度较低，视频技术、卫星定位技术、射频技术、条码识别技术、传感技术等在水产品物流中还没有普遍应用，适应具体操作的水产品物流信息系统的开发相对滞后。此外，水产品物流中心的选址、水产品组配方案等方面，还处于半人工化决策状态。

3. 物流标准化问题

标准化是物流产业发展的一个关键问题。目前,我国仍未建立起适应水产品物流发展的技术标准和工作标准体系,物流非标准化装备、设施、行为仍相当普遍。比如,各种运输方式之间装备标准不统一;包装标准与运输设施标准不配套;不少水产品的分类、分级、分等大多凭人工感觉,误差过大。这种状况,给水产品的储存、运输和加工造成了一定的困难,严重影响了水产品物流活动的质量、效率和效益的提高以及国际水产品物流活动的通畅。

4. 质量安全问题

水产品是高风险产品,其质量安全是限制水产品物流发展的因素之一。近年来,我国水产品出口多次因质量问题受到欧盟、日本等国家和地区的限制,如 2002 年的输欧水产品氯霉素残留超标风波和 2003 年的输日烤鳗恩诺沙星残留超标风波。水产品质量安全问题突出表现在:药物和有害物残留超标;水产品产地环境较差,配套程度不高;动物防疫体系不健全;保鲜等技术水平低,设备不足。尽管政府和企业对水产品的质量管理和安全消费给予了高度重视,水产品质量安全水平也不断提高,但目前我国仍未建立起较高规格、标准的安全食品体系。在水产品物流过程中,质量检测和监控还没有完全到位,市场准入制度和产品质量安全追溯制度还未完全建立,很多水产品没有标明产地、生产单位、生产日期和保质期限。

5. 贸易、技术壁垒问题

丰富的资源、低廉的劳动力使我国水产品出口及加工贸易在世界上有着广阔的市场,尤其是在欧盟、美国、日本、韩国等发达国家和地区。这就不可避免地遭到这些国家贸易、技术壁垒的限制。比如,技术性贸易壁垒、绿色壁垒、数字壁垒和装备壁垒等。从 2002 年起,我国水产品出口遭到有关国家贸易壁垒的限制,继欧盟对我国水产品进口实施禁令后,日本和韩国相继对我国水产品提出药检超标,禁止输入,继而美国又对中国实施对虾反倾销调查。贸易、技术壁垒降低了我国水产品在国际市场上的份额,造成了巨大的经济损失,是水产品物流发展的制约因素。

6. 人才问题

水产品物流涉及贸易经济、管理学、水产学、运输学、包装学、社会学、工程技术、信息技术等多方面的知识。所以,高素质的人才是水产品物流发展的关键。近年来,中国物流教育和研究受到普遍重视,学历教育、职业教育呈现出快速发展的态势,物流研究也取得了一定进展。但总体上看,物流教育和研究仍处于落后水平,短期内水产品物流业从业人员的素质还远不能适应经济发展的需要。人才短缺,特别是高级物流专业人才的短缺已成为制约水产品物流发展的关键因素之一。

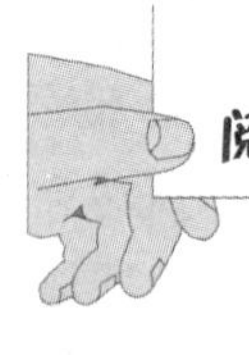

阅读材料

东盟水产品借道昆明上全国餐桌

1. 昆明建设云南省最大水产品物流市场

昆明水产品物流市场为广大渔民提供集检疫、仓储、配送、批发等一条龙服务,它是云南省唯一的、规模最大的综合性水产品市场,通过该市场将把泰国、越南、缅甸进境的水产品转运至全国各地销售。

随着经济社会的不断发展,昆明逐渐成为一个大型水产品交易集散地。泰国、越南、缅甸、老挝等周边国家水产品把昆明作为重要集散地。据初步调查,2005 年由以上国家进入或过境昆明市的各类水产品总量达到 20 多万吨,省外产品约 3 万吨。

目前,昆明市水产品主要有马军场批发市场、日新批发市场、三永批发市场等。昆明市渔政部门调查发现,这些水产品市场存在设施陈旧简陋、管理混乱和不规范且分布零散等状况,给昆明城市环境美观造成破坏。更重要的是,水生动物检疫工作开展困难,水生动植物食品安全难以保障。

据调查,进入昆明市在各市场的水产品流通渠道十分复杂,除境外部分水产品经海关、商检程序外,大部分水产品基本未经正规水生动植物检疫在流通。由于目前市场分散，检疫人员力量有限，给水生动植物检疫带来许多困难，水生动植物食品安全难以保障。

2. 新建市场突破水产品贸易瓶颈

越南、缅甸、泰国等东盟国家的大量优质水产品由于昆明市缺乏专业市场而无法正常贸易。在每年的农博会期间，来自国外的泰国、越南、缅甸等国及国内的湖北、广东、四川等商人通过种种渠道询问昆明何时能建设专业的水产品交易的物流市场。尽快建立昆明市水产品专业物流市场已成为当务之急。

随着东盟自由贸易区的逐渐形成，水产品的流通量将大大增加，据估计届时过境和进入昆明市的水产品总量年将达50多万吨，每年通过昆明市出口或销往省内的淡水鱼苗、鱼种将达到数亿尾。东盟的海产品供应主要依赖沿海省市供应。其中，泰国、越南、缅甸进境的水产品仅有少部分在昆明销售。

3. 现代化水产品市场实现一条龙服务

昆明市建设大型水产品物流市场是云南渔业行业人员多年的梦想，由于种种条件的限制，这个梦想一直未能实现。大型的现代水产品市场的建立耗资巨大，依靠政府或部门力量是无法完成的，必须依靠有雄厚实力的企业介入，政府为企业介入创造政策条件，给予优惠政策并加以引导，企业筹资运作自主建设并经营管理市场。同时，工商、公安、税务等部门的介入将使该水产品批发市场成为集交易大厅、物流配送中心、内外贸一体化、冷库、仓储、检疫中心、信息中心、安全监控中心、废弃物及污水处理中心等于一体的现代水产品物流中心。昆明市水利局还将依托现代水产品交易批发市场建设昆明市水生动物检疫中心，做好水生动植物检疫，保障水产食品安全。

二、完善水产品物流的措施

（一）统筹规划

我国物流业的发展不仅需要物流企业自身的变革，还需要国家政策导向和法律法规的支持。同时，必须加快管理体制改革，明晰企业的产权关系，为中国水产品物流业提供一个良好的发展平台并形成有效的激励约束机制。

政府相关部门要进行统一合理的水产品物流规划和布局。从实际出发，循序渐进，注重实效，防止水产品物流企业一哄而上。政府应推进水产品物流基础设施的规划与建设，为水产品物流企业创造良好的外部发展环境。有关部门要在地价、税收方面给予优惠，从规划建设、技术改造、交通管制、工商管理、财税金融方面给企业以支持，帮助企业排忧解难，搞好协调服务。

政府要研究制定发展现代水产品物流的法律法规。部分法律、法规和部门规章制度，应根据我国加入 WTO 后的新情况加以清理和完善。制定与水产物流业相关的行业标准，规范水产品物流企业的行为。

政府要搞好交通线路和物流节点的规划建设工作，加大国家级公路、铁路、水运、航运的基础建设投入，通过多种渠道和方式进行融资，合理规划建设高等级的运输网。交通运输基础设施的水平直接决定水产品物流的流转速度和效率。

（二）提高水产品物流企业的运作水平

水产品物流企业的发展，应主要通过市场规律来运作，要求企业树立现代企业制度观念，加强科学管理。评判物流系统好坏的标准主要有两点，即物流服务水平和物流成本。这两个评判标准体现在水产品物流配送方面就是“快速”和“准确”。

1. 运用信息处理技术

电子商务中应用了大量的现代化的 IT 技术，水产品物流企业的现代化进程也必然要适应这种技术革新，在仓储、运输调度、配送等方面，积极利用电子商务平台和数字信息技术，搜集与获取大量供求信息，主动地连接与沟通生产与销售，提升水产品物流企业信息流的速度，并做出合理及时的安排。

2. 应用先进物流设备

生产工具是完成生产任务、有效地作用于劳动对象的前提，发展现代水产品物流离不开先进的物流设施、物流机械。因此，应积极引进国外的先进技术设备，应用现代化的物流技术设备，建设先进的水产品冷链系统，促进水产品物流企业的发展。

3. 标准化的物流包装

电子计算机作业可产生自动化、大规模的效应，但其前提是物流作业对象的标准化。因此，在水产品运输、仓储企业中大力推广标准化，实现出入库管理的自动化，以集装技术把储存、运输、包装等贯穿成系统，完成“一贯型”和“门到门”的水产品物流。

4. 积极发展多样化的物流服务形式

水产品物流企业应逐步发展货运代理、连锁经营、商业配送、多式联运、社会化储运服务、流通加工、电子商务等物流职能和环节的专业化物流服务。有条件时规划建设大型水产品物流园区，推动水产品物流业向规模化运行。

（三）发挥水产品物流行业协会的作用

有条件的水产品企业或水产品经纪人团体应积极筹建水产品物流行业协会，发挥物流行业协会的服务、监督、协调、自律作用，协助水产品行业主管部门开展物流管理，营建公平竞争、规范有序的物流市场环境。水产品物流行业协会将引导企业，树立尽可能利用第三方物流的观念，提高对“第三方物流”的认识。纠正“自营物流是最合算”的错误认识，利用外部资源来发展自己，是保证收入稳定增长的重要途径。水产品物流行业协会将协助规划水产品系统重大物流设施的建设，制定水产品物流规章制度和中长期物流发展计划。研究制定现代水产品物流统一技术标准，推动物流技术进步。

水产品历来是人们喜爱的主要营养食品之一。水产品物流与传统的水产品流通在内涵上互有同异，除了水产品流通强调的水产品从生产者向消费者流动外，水产品物流还包括生产领域内的相关流动。因此，随着人们生活质量的改善和消费水平的提高，水产品生产和需求必然有较大的增长。

第四节 水产品物流发展模式

一、传统的“类物流”业渐进式发展水产品物流企业

水产品物流企业是独立于生产领域之外，以满足客户要求为目的，专门从事与商品流通有关的各种经济活动的企业。由于我国生产力水平有限，经济发展也存在不均衡性，水产品物流的发展不能一蹴而就。

从世界第三方物流的发展状况来看，传统的“类物流”业，如仓储业、运输业、空运、海运、货运代理和企业内部物流等，往往成为第三方物流服务公司发展的起点。根据第三方物流业发展的这种渐进性特征，原有单一物流功能的“类物流”企业发展成第三方物流企业具有可行性。因此，我国目前众多的水产品仓储、加工企业等，完全有可能在逐步完善服务功能的基础上，向第三方物流企业过渡。要充分利用社会物流配送设施资源，采取兼并、重组、联合等多种手段扩大规模，盘活资产，灵活经营；逐渐完善物流管理，以最低的物流成本达到客户满意的服务水平，对水产品物流活动进行科学计划、组织、协调与控制。

二、“共同配送中心”是水产品物流良好的初级模式

水产品物流要采用新兴的物流模式，如供应配送链管理模式，把水产品供应商与顾客等紧密地联系在一起，进行协调和优化管理。我国水产品经营单位或企业生产规模通常较小，在进行水产品配送中心规划决策中，如果独自建设配送中心，投资成本太大，资金流动出现困难。如果利用第三方物流，目前网络化、信息化、规模化的第三方物流企业还很少，第三方物流在我国还不成熟。因此，“共同配送中心”便是我国水产品物流发展良好的初级模式。“共同配送中

心”可由一些具有共同物流需求的水产单位或企业出资共建，实行股份制，是一种既经济又能实现利润共享的选择，不仅能有效解决水产品企业资金不足的问题，也能通过不同水产品企业之间的联合，增强水产品企业联盟的集团竞争力，对于中小型投资主体和水产品企业而言，都是非常有利的一种物流配送模式。“共同配送中心”独立运行，但是受到出资方的监控。“共同配送中心”功能比较全面而完善，实际上是集货中心、分货中心、加工中心功能的综合，达到了配与送的更高水平。

三、“共同配送中心”案例

1. 联华生鲜食品加工配送中心

联华配送中心是目前国内设备先进的生鲜食品加工配送中心之一，最初是上海几家食品加工和流通企业投资共建的。总投资 6 000 万元，建筑面积 3.5 万米^2，年生产加工能力 2 万吨，产品结构分为水产品等 15 大类约 1 200 种，从事水产品生鲜或冷冻品以及南北货的配送任务。配送运作步骤如下：

第一，订单管理。顾客门店的购货订单通过联华数据通信平台，实时传输到生鲜配送中心，系统将按不同的水产品物流类型分为储存型、中转型、加工型和直送型，进行不同的处理。各种不同的订单通过系统中的供应商服务系统在 10 分钟内自动发送给各供应商。供应商收到订单后，立即组织货源，整个供应链的绩效得到了提高。

第二，物流计划。在得到顾客门店的订单并汇总后，物流计划部根据第二天的收货、配送和生产任务制订物流计划，包括人员安排计划、车辆安排计划、批次计划、线路计划、生产计划、配货计划等。

第三，配送运作。水产品等商品分拣包装完成后都堆放在待发库。按正常的配送发货计划，这些商品将在晚上送到各顾客门店，门店第二天早上将新鲜的商品上架。装车时，抽样检查准确性。商品到顾客门店后，由于数量的高度准确性，在顾客门店验货时只要清点总包装数量，退回上次配送带来的包装物，完成交接手续即可。一般一个顾客门店的配送商品交接只需 5 分钟。

2. 上海新天天生鲜食品配送中心

新天天生鲜食品配送中心自2000年10月运行以来，始终处于第三方中立、公正的立场，为全社会的零售企业和制造业提供服务。上海新天天配送中心隶属于上海市食品（集团）公司，也属于共建模式。地处上海交通便捷的西南面，占地面积34 632 米^2，拥有两个高低温冷库，总吨位11 600 吨。还有常温仓库5 690 米^2，0～10℃的生鲜分拣加工区2 100 米^2。同时备有与冷藏链相配套的各种配送车辆共40 辆。配送商品涉及水产品等六大类1 000 多种冷藏、冷冻商品。

新天天具备物流仓储、集约配送、市场网络、信息处理、流通加工和客户服务等六大功能。新天天受经营厂商委托，向客户或门店组织配送，配送区域以上海为主，并向外延伸，北到南京，南到宁波，配送网点多达千家，其中以大卖场、超市、便利店居多，也有餐饮店、食品店、百货商店等业务。

由于新天天切实做到"门对门"的冷藏链服务，即从商品生产—运输—仓储—客户的全程保持同样的温度，使水产品等生鲜品的品质得到了充分保证。由于水产品鲜货与冻货不能混装，生熟食品要分开等，增加了配送的复杂性。往往一个网点一天要去几趟才能配齐货，这就给新天天的配送管理提出了新挑战。新天天努力摸索在保证品质的前提下，既做到综合运输，又做到准确、及时、安全、经济，使客户得到一流的服务。新天天起步较高、装备好，拥有上海商情信息中心独立开发的比较完善的计算机管理系统，包括购销配送系统等，计算机物流配送管理达到了一定的先进水平。

小 知 识

射频识别技术（RFID）在水产品供应链中的应用

1. 射频识别技术（RFID）

射频识别技术是20 世纪90 年代开始兴起的一种自动识别技术，射频识别技术是一项利用射频信号通过空间耦合（交变磁场或电磁场）实现无接触信息传递并通过所传递的信息达到识别目的的技术。

根据水产品物流在水产品供应链中的作用不同，水产品物流分为生产物流、加工物流和销售物流，包括生产、加工、仓储、运输和销售5个环节，提高水产品供应链效率的关键就是协调5个环节并提高每个环节的效率。

从水产品供应链中可以看到，通过使用RFID技术，能够方便地把整个供应链中各个环节的信息录入信息管理系统，各个环节也可以方便地增加相应数据。此外，消费者和相关主管部门可以通过通信网络和终端进行查询和追溯。

2. 生产物流环节

(1)生产环节 为较具规模和规范的水产养殖基地的每一块水域或每一个品种设定一个标签，对该水域或该品种水产品从养殖到打包上市的整个过程中的必要信息，通过输入/输出设备进行及时初始信息的录入，这样在该品种水产品完成供应链的第一个环节时，电子标签已经存储了其所有基本信息。当收购企业对任何一块水域的水产品进行收购时，通过采用数据采集器对养殖户以及水产品进行信息采集，不仅加快了收购速度，降低了出错率，而且为水产品加工企业提供了POS系统、电子商务等系统的基础数据，为产品追溯提供源头数据。

(2)运输环节 RFID技术在运输环节的应用主要体现为在途货物的监控、跟踪及道口检查。把带有温度传感器的RFID技术和GPS结合起来，可以为物流公司提供实时监控和跟踪服务。对于养殖户而言，也可以通过计算机网络方便地知道自己的货物到达了什么位置、是否被调包等情况。到达目的地后采购商可通过终端阅读器查阅产品性能指标和运输途中状态。在经过一些道口接受检查时，检查单位无须拆开包装，只要通过电子标签阅读终端就可以知道包装的具体内容，大大提高了道口检查速度并缓解了道口拥挤的压力。

3. 加工物流环节

水产品加工增值和副产品的综合利用的主要目的是减少

水产品损失，延长其保存期限，提高水产品附加值，使水产品资源得以充分利用。因此，水产品加工是水产品物流中一个不可缺少的重要组成部分。

随着人们食品安全意识的提高，人们对食品安全的要求也越来越高。要保证食品生产的安全，向消费者提供真实可靠的食品加工信息，利用的就是电子标签可以随时添加信息的功能。

在加工环节可以首先读取电子标签所包含的信息，加工企业可以将产品加工工艺、相关标准的必要信息，如加工单位、加工日期、加工过程所使用的添加剂、包装重量等数据写入电子标签。经过加工企业的数据充实后，产地信息和加工环节信息都已存储在该电子标签中，终端消费者在零售或批发市场通过查询终端查询该产品信息时，便可以一览无余，使产品质量和安全透明化，产品追溯也变得可行。

水产品的时效性极强，因此要求仓储环节具有较高的组织协调性。对于需要入库保存的水产品，在入库前通过对电子标签数据读取，其入库时间、保质期限、包装规格、包装重量等自动录入计算机，由计算机处理后根据仓库特点形成库存的信息，并输出入库区位、货架、货位的指令。出库时根据先入先出的原则自动寻找货品并出库，同时对库存数据自动更改，还可以实现实时自动盘点功能，避免低温环境人工出入库和盘点的不便。

RFID 技术的使用，在大大加快出入库及库存盘点速度、降低错误率的同时，也能够提高仓库管理的自动化程度。封装有温度传感器的 RFID 系统，能够实时将仓储环境温度传递给管理系统，既可避免温度不当造成产品变质，又可有效控制、设定温度，降低能耗成本。

4. 销售物流环节

RFID 技术在销售环节的应用主要体现在大宗物流上。货品信息记录在托盘或货箱的标签上，这样 RFID 系统能够清楚地获知托盘上货箱甚至单独货品的各自位置、身份、储运历史、目的地、有效期及其他有用信息，并为供应链中的实际货品提供详尽的数据，并在货品与其完整的身份之间建立物理联系，用户可方便地访问这些完全可靠的货品信息。

RFID 技术在销售环节的优势还体现在，一些智能电子标签能够对某些具有时效性商品的有效期限进行监控。例如，对某些高端水产品进行跟踪，一旦水产品超过了有效期，标签就会发出警告，保证销售环节产品质量的可靠性。

第七章　水产品营销策略

水产业是我国最早进行市场化改革的领域，经过30多年的快速发展，水产品产量不断增长，连续20多年居世界首位。水产品出口量也不断增长，连续10多年位居全球首位。但与我国水产品生产总量相比，出口量仅占生产总量的6%左右，出口额仅占世界水产品贸易总额的10%。作为水产品生产大国，离世界水产品贸易强国还有很大距离。中国水产品市场总体发展态势较好，但也存在一些问题，这些问题对于水产品市场的长远发展将是严重的打击。

案例:随着市场竞争的加剧,沿海众多水产商把眼光瞄向了内陆市场。所以高端水产品商首先就把成都定为了试水点。2009 年 9 月,定制螃蟹就空降到了成都。

由于成都是内陆地区,红膏大闸蟹等水产品稀缺,而水产品食用最重要的因素是鲜活。但是因为交通、地理条件和气候的限制,内陆的水产品质量一直达不到好的标准, 定制的模式就打破了这些局限,没有产品售卖,只接受定制。从沿海的原产地即刻包装,飞机配送,不出 24 小时就到达购买者手里,既杜绝了假货充斥市场的可能,又保证了产品的鲜活品质。另外,定制的水产品能根据购买者的特殊需求,用激光将字体刻于蟹壳之上,可谓别出心裁!大闸蟹成熟时期恰逢中秋月圆之际,礼品蟹就成了成都中秋礼品市场的一大亮点。礼品蟹并不光是中秋节才能送的礼品,生辰送寿蟹、婚庆办蟹宴、重阳赠长辈都是非常好的选择。

分析:这种定制式的创新营销策略,使得定制螃蟹成为成都人翘首以盼的佳品。营销利润也因此高于同质量的螃蟹销售。激发消费者需求、符合消费者需求的营销策略会使水产品营销在前进的道路中快马加鞭,在国际金融危机之下逆市飞扬。

第一节　我国水产品市场营销的发展

一、水产品营销观念的发展过程

态度决定行为,行为引导结果。企业或者生产者对产品的营销态度与观念,决定了企业在产品营销活动中如何开展营销、如何对待产品、如何对待消费者。而这些直接影响了企业营销能力的高低。水产品和所有的产品一样，随着营销市场由卖方市场向买方市场的倾斜，水产品的营销观念也经历了一系列的变化。

1. 生产观念时代

在计划经济时代，大宗水产品由国有水产养殖企业经营，企业间通过行政区核定消费市场，企业间没有竞争，物价部门核定水产品销售价格。水产品的经营目的是确保人民群众的消费需求。企业的主要精力就是增产量、降成本，很少关心销售技巧和方法。

2. 产品观念时代

改革开放后的市场经济将水产养殖销售推向了个体化、企业化，渔农围栏养殖、打捞、营销，水产品市场逐步发展起来。企业或者渔农为了在竞争中获得利润，开始重视养殖产品质量的提升，如何养肥鱼虾，成为水产品生产销售的重点。酒香不怕巷子深，水产者深信只要生产优质产品就有销路。而对优质之外的营销理念还缺乏认识，水产品销售还是简单的包装，很少有品牌，多以地域区分。将市场看作生产过程的终点，忽视了市场需求的多样性和动态性，过分重视产品而忽视了顾客需求，最终导致“市场营销近视症”。

3. 推销观念时代

科技进步和科学管理的推广，水产品产量增加，市场出现供大于求的情况。水产品的养殖户、经纪人、经销商、中间商、零售商和渔农发现，即使物美价廉的产品也不好卖出去了。如何说服消费者来购买自己的产品成为企业生存发展的关键。经销商致力于产品的推广和广告活动，以求说服，甚至强制消费者购买。他们做大量广告，对消费者进行无孔不入的促销信息“轰炸”，甚至通过低价竞争来赢得消费者。水产品的生产经营依然是“以产定销”，而不是满足消费者的真正需要。

4. 营销观念时代

20 世纪 80 年代以来，水产品产销之间的矛盾进一步尖锐，市场竞争更加激烈。甚至一些小型的养殖户、小渔场、散养户不得不退出市场。生产经营者开始思考产品卖不出去的原因，开始关注消费者的需求。推进水产品产业化进程，根据渔业生产的需求和市场的需求,树立以消费者为中心的思想,利用科技开发水产品、加工新品种,积极开拓市场和进行市场调研。按照消费者需求和企业本身条件组织生产,以产定销。根据生产成本和市场行情制定合理的销售价格,力争做到生产者、销售商之间的利润空间合理。水产品行业已经形成了从养殖、捕捞到营销的一整套完整的产业链体系,同时也开始有了自己的品牌和市场。在营销渠道上也开展多层次、多网络的精耕深织营销。

二、水产品营销中存在的问题

1. 产品存在的问题

(1)水产品本身质量不过关　随着人们生活水平的提高和健康意识的增强,高品质的水产品成为目前人们的消费需求。而在水产品的生产销售过程中,产品本身存在的问题制约着水产品市场的发展。例如,由于养殖生产基础条件较差,造成养殖过程中水质不达标,生产质量不过关;在养殖过程中,因使用渔药不当引起的药物和有害物残留超标;生产者为了追求产品的外表美观,对水产品漂白、着色。这些现象在水产品行业的长期发展过程中是非常危险的。

(2)水产品包装有瑕疵　水产品包装过程中,首先是包装材质不达标,含有污染环境和影响健康的有毒成分,最终影响了水产品自身的质量。有的材料不符合环境保护的有关规定,或者包装物经不住长途运输和多次搬运,造成包装体的破碎,损坏了产品的内在质量。水产品一经污染,便成了次品、废品。其次就是包装缺斤短两、同质化严重,无产地、生产日期。这些都影响消费者对产品的长期购买。我国水产品出口每年因包装不善损失近 70 亿美元。前几年,日本发现我国出口鲤鱼药残超标,对我国鲤鱼进行了封杀。由于普遍使用甲醛浸泡海参,我国水发海参的市场已遭到毁灭性打击,市场几乎为零。2006 年从多宝鱼到桂花鱼,从福寿螺到九肚鱼,再到 30 多种淡水鱼被叫停。表面看是食品安全问题,是养殖、运输、销售的过程中出现的问题,只要加强监管、行业自律就可以解决,但从根本上反映出了中国的水产品市场混乱无序,如果还不加以改善,后果不堪设想。

(3)产品缺乏品牌管理　生产经营者品牌意识淡薄,大多数水产品没有标志。厂家在促销和宣传过程中一味地打价格战,忽视对品牌的经营和广告的投入。许多水产品公司即使做了广告,也未重视其品牌的宣传,仅仅列出鱼、虾、蟹等水产品名称,附带简单的食用方法描述,缺乏品牌的培育意识。目前,水产品品牌不少却名牌不多。某些知名原产地的品牌水产品,其品牌特征却并不明显,缺乏品牌保护意识,消费者只能凭直觉推断产品的质量。一旦类似商品打入市场后,如果其他水产品也盲目模仿、鱼目混珠、以次充好,就会严重搅乱正常的市场秩序,不利于消费者对水产品选购,必然影响水产品生产、加工企业的形象及有关企业的水产加工品外贸出口。

(4)水产品的品种单一,可延伸产品较少　水产品分为保鲜产品、冷冻产品和加工产品。随着产品同质化的发展,差异性营销是产品发展的新思路。通过科学养殖,提升水产品营养价值及口感是水产品营销的新思路。水产品的季节性和地域性也会使水产品的营销市场有一定的限制,进一步发展水产品加工业,让水产加工品脱离地域、季节约束是开拓水产品市场的有效措施。

2. 水产品促销手段单一

水产品企业除了参加政府组织的推介会和博览会之外,很少组织展销会或其他形式的促销活动。大部分企业不重视产品促销,普遍存在着宣传力度不够、广告投入少的问题,有的企业甚至从来没有在媒体上做过广告。水产品常见的促销方式就是低价营销、折让营销,很少通过服务促销、品牌促销。在消费者重视体验消费感受、关注健康消费的时代,传统的低价、特价、折价促销已很难令消费者动心。

3. 营销渠道有待进一步完善

传统的以水产品运销为主的营销渠道,由于分销渠道的辐射面狭窄、半径小,水产品生产者难以把握整个市场的供求信息,无法克服消费者需求广泛性与生产者供给单一性之间的矛盾。而且该渠道耗费的时间成本和精力成本很高,降低了交易效率。

以配送、超市、大卖场等为主的现代流通方式开始出现。超市作为一种现代新型营销业态开始涉足水产品销售领域,成为水产品营销渠道体系里的新成员,与传统的集贸市场在零售终端展开了激烈竞争。水产品营销经纪人发展活跃,各种农产品购销主体:个体户、专业户、联合体不断发展壮大。但多以冷鲜水产品为主。

以水产品加工企业为主的营销渠道有待发展。近几年来,人民的生活水平日益提高,消费品位也随之提高。为了满足这部分消费者的消费需求,我国各大城市陆续出现以水产品加工为主的营销渠道。比如,龙头企业(生产者和加工企业)—超市或中间商—消费者。目前水产品加工企业规模小、数量少,而且在地区间分布不平衡。不同的加工企业之间,常常因目标利益不同而产生不可协调的矛盾,不利于渠道成员之间建立一种和谐的关系。水产品产业链各环节缺乏强有力的科技保障,加工形成的水产品品质不高,加工后的产品增值率很低,产品市场竞争力得不到应有的提高。

4. 水产品的价格缺乏灵活性

产品缺乏细分,定价没有策略。在价格制定上,多数水产品企业缺乏产品细分,产品等级划分不明确,没有形成合理的价格梯度。另外,水产品企业定价时很少进行市场调研和分析,定价缺少参照对比。水产品的价格调整有其自身的特点,表现在:商品的鲜活、易腐和季节性。而水产品企业定价时往往不会灵活地运用价格策略,不能根据市场变化及时对价格进行调整。

这些问题不仅影响水产品的质量水平的提高、限制我国水产品生产资源优势的发挥,也使我国水产品在国内外市场中受到冲击。

三、水产品营销问题的解决措施

生活水平的不断提高,人们对水产品营养与药用价值的认识逐步提高,对水产品的需求量也日益增大,水产品的消费市场和消费者群体逐步扩大。然而,一些较为老套的营销方法对于水产品的长期发展是不利的。尤其是加入 WTO 后,国外水产品的大量涌入冲击着国内市场，而且我国的水产品出口也因质量、价格、包装等问题受到阻碍。水产品的生存与发展需要企业改变传统的营销理念，在营销上有所创新，结合现代营销理念，建立水产品的社会营销观念。以社会长远利益为中心，顾及消费者整体利益与长远利益的和谐发展。

目前水产品的销售模式的主要营销模式为：产品、渠道、价格和促销，强调销售。而社会营销观念则实行的是：客户、便利、沟通和成本，重视营销。营销是从消费者本身需求出发，结合企业自身的特点和社会发展总效应来制定的长远营销，需要水产品企业搞清战略、定好营销，有效执行，才是水产品营销的最佳策略。

小 知 识

如何做好水产品广告

1. 市场细分化能够提高广告效益

市场细分化有利于企业把自己的特长和细分市场的特征结合起来，集中有限的资源，经营市场紧缺商品，从而取得最大的经济效益。水产品企业在做广告之前，对消费市场或公众群体有意进行人为的区分，创造出对立于竞争对手的公众市场。由于这个市场是全新的，因而能够有效地保证企业的市场利润，在此基础上再做广告宣传，有利于企业为自己的商品树立“市场领先”的形象。例如，日本一家紫菜公司对其绍同牌寿司紫菜做广告：运用科学分析做广告，从科学的角度说明产品特性，多食紫菜对防止、减轻和治疗妇女更年期疾病，延缓衰老、防止贫血有很好的作用，对老年人降血压、降血脂、降胆固醇都有很好的功效。这则广告的成功之处在于以妇女和老人为主要对象，对其功效进行全面描述，而又不失重点，紧密结合。

2. 好的广告词是广告宣传成功的关键

广告词是体现整个广告作品意境的主要手段，只有语言运用定位准确，符合广告作品的目标，公众才能真正体味广告作品的总体意境。现代创意广告创作实质就是挑选好的形容词、组合好的形容词。有些水产品企业在广告中注重广告语的应用，从而打败竞争对手。例如，美国鲤鱼罐头的广告，在美国鲤鱼市场上，有两种鲤鱼罐头竞争十分激烈，一种是粉红色鲤鱼，一种是红色鲤鱼，两者鏖战多年。红色鲤鱼公司在广告上追求新思想，在罐头的新标签上多了一排醒目的字句："正宗挪威红牌鲤鱼，保证不会变粉红。"由于在广告策略的运用上略胜一筹，不仅知名度提高，而且在销售利润上比粉红鲤鱼高出不少。红色鲤鱼的成功，当然在于那一句具有创新色彩的广告词，借用比较方式，突出产品的独特之处，加深公众的印象。它不仅暗示了红色鲤鱼是正宗挪威鲤鱼，而且含有自己比对方好的含义。红色鲤鱼的广告给我们很多启示：要在竞争市场上胜人一筹，必须在广告词上下功夫，主题要新颖，要有新意，要与同类产品的广告有不同销售重点的表达。

3. 注意运用产品的规模效应做广告

由于水产品企业对产品组合中全部的产品项目均采用同一个品牌，具有结构单一、识别性强的特点，而且有利于强化员工对企业的忠诚度，增强企业的凝聚力。水产品企业为一个品牌做广告宣传促销就是企业对所有产品项目进行了促销，所以企业总体的宣传费用比较具有规模效应，相对单位产品促销成本比较低，有利于新开发的产品进入市场。有些成功综合大型企业推出一系列产品，此类公司颇具实力，以"系列化"的形式做广告。例如，鱼丸世家手打鱼丸是闻名潮汕地区的特产，已经有一定的名气。此后，鱼丸世家公司又趁势推出系列产品：手打墨鱼丸、鱼丸世家之虾丸、鱼丸世家之鱼饼、鱼丸世家之鱼饺等。许多成功水产品企业都运用这种所谓全面介绍的方法做广告。这种广告充分利用了"系列化"的特点和优势，以庞大的气势涌向消费者，以气势压人，能给人们留下整体、全面、深刻的印象。

4. 根据外在条件的变化做广告

由于水产品本身的缺陷，生鲜食品受时间和季节限制，易腐烂变质，有些特殊的水产品适温范围较窄，上市时间集中，因此必须因地制宜发展养殖。有些珍贵品种还受到有关的法律保护，如“梅林”牌凤尾鱼罐头。针对受时间限制的水产品，企业最好根据其特点做季节性广告。例如，对罗氏沼虾，旺季多做广告，淡季则少做，对这类水产品，间接性的广告最为适合。有些产品如凤尾鱼、鲟鱼，国家站在环保的角度，下达禁渔令，禁止掠夺性捕捞。最好采用人工养殖等手段，在资源的开发、储备方面下大功夫。还可以开发其替代产品，一些国际知名品牌做过这方面的尝试。例如，俄罗斯人越来越难吃到美味的黑鱼子酱了，据说，企业开发了一种新产品—红鱼子酱，再在原有产品的内涵基础上做一些变革，配合广告宣传，越来越多的俄罗斯人改吃红鱼子酱了。

5. 广告宣传要和商务促销有机结合起来

在市场营销中，广告宣传和商务促销的基本目的是一致的，都是为企业开拓市场，提高商品的占有率。在水产品广告中，大多数广告形式都采用说明式，仅仅介绍产品，而广告是要贴近人们生活的。所以，在广告策划中，广告宣传和促销活动相结合，能使广告宣传有活动性和娱乐性。水产品企业要学会利用各种社会关系和人际交往技巧，开展关系营销，创造情意浓浓的互动局面，使企业与公众的关系不仅具有利益上的一致性，而且具有浓烈的感情色彩，使公众更信赖企业。公众主要出于娱乐需求参与广告宣传活动，所以广告商在广告策划上，还需考虑有关部门的娱乐活动和服务项目，主动为公众提供咨询服务，让公众不仅购买到廉价的商品，而且还购买到“愉快的心情”。例如，广告公司在有关杂志上做“甲鱼”等腥味水产品的广告时，最好附带地介绍几种科学、易行的家庭去腥方法，这样一来，消费者觉得更加亲切，更易接受此产品。再者，在做可用于家庭食用的水产品的广告时，还可介绍几种有关的食谱,使人们购买的同时,还学到了相关的知识,拉近了企业和消费者的距离。另外,广告应取材于公众的日常生活,立足于平凡。根据生活中的平凡事件,比如说生日庆祝、结婚仪式、走亲访友、结婚周年庆祝、节日欢庆及学习工作等,赢得公众的认同。在产品宣传的长期过程中,应该持续地、不断地增加广告宣传对附加值的重视,这些附加值很快就会成为产品独有的财富。

第二节　水产品营销战略的制定

案例:云南振雄水产开发有限公司是中日合资公司,成立于1999年12月,注册资本34万美元。公司是一家以水产品加工为主的专业公司,下属有海镜冷冻厂、昆明分公司、大理分公司。公司的经营方针是:立足云南,开发云南水产品资源,增加渔民收入,提高产品附加值,实施水产品的“精品”营销战略。经营目标是:有效开发国际市场,增强企业市场竞争力,推动云南水产品行业发展。公司下属两个符合国际卫生标准的加工车间,年加工能力1 200吨,辐射全省三大湖泊(抚仙湖、滇池、洱海)及周边水库、湖泊。

公司通过对云南市场的调查了解,针对云南水产品行业的现状,对以前的经营管理模式进行调整,制定了行之有效的经营管理方针:把低层次、初放型的加工经营方式改为经营“精品”产品为目标,把以前落后的“以产待销”的经营模式改为“以销定产”,把市场开发放在第一位,用更多时间了解市场,掌握用户需求,对国外市场实施“精品”产品营销战略。经过两年的艰苦奋斗,终于把“振雄”产品打入日本市场，取得了用户的认可。同时先后开发了澳大利亚、新加坡、加拿大等市场，使“振雄”品牌真正走上出口创汇的道路，实现产品99%的出口率。

分析：通过市场调研，结合自身状况制定营销战略，云南振雄水产开发有限公司走出了国门，创造了佳绩。在激烈的水产品市场竞争之下，一些水产品企业能够从战略高度出发，完善生产营销体制，开展科学管理，采用先进技术多角度发展产业链。但总体来看我国渔业发展仍是以量的增长为主，粗放经营，低价、同质化竞争严重，水产品市场供大于求，质量安全不容乐观。同时，渔业资源减少与生态环境恶化也成为渔业发展的重要制约因素。因此，转变增长方式、建设和谐渔业，实现渔业资源与发展、生态环境、社会需求与农民增收之间的动态平衡是渔业发展中的核心。因此，建立水产品营销战略是建立社会营销观念的先导。

一、水产品营销战略的制定原则

1. 公众原则

水产品企业制定营销战略必须符合国家和消费者利益的要求，必须有利于企业自身的生存和发展。在任何社会制度下，企业的生存和发展都要受国家宏观政策和消费者市场需求这两个重要条件的制约。企业的营销战略若与国家宏观政策相悖，不仅无法享受国家政策上的优惠，还会受到国家在税收、资源等方面的限制，从而使他们的长远发展受到抑制。公众原则是营销战略赖以实施的基础和条件。

2. 趋利原则

水产品企业制定营销战略时要最大限度地节约资源，冒最小的风险，取得最佳的投入产出关系，实现企业投资收益最大化。在贯彻趋利原则时，一旦出现与公众原则严重的冲突，应放弃眼前利益和局部利益，使趋利原则服从公众原则，立足企业长期和总体利益的最大化。

3. 全局原则

水产品企业制定营销战略必须从全局考虑，树立整体意识和全局观念。分清主次，区别轻重缓急，抓住主要矛盾以及矛盾的主要方面，统筹兼顾，关照全局。

4. 长期原则

水产品企业制定营销战略必须立足现实，着眼未来，远期规划，长期发展，体现出未来意识和超前意识。企业营销战略绝非一时一事之利的举措。企业要在竞争中立于不败之地，长期保持主动和领先地位，赢得未来挑战，不断创新和发展，就必须对未来进行科学的预测分析，制定长期适应内外部环境变化的营销战略，并坚持执行下去。

5. 危机原则

树立风险意识和危机意识。根据产业链上各种资源、环境的变化发展，审时度势，机动灵活地确定企业发展方向。

上述 5 个原则不是一种机械的教条，而是水产品企业一种思考问题的观念或意识。企业决策者依据上述原则制定市场营销战略是确保营销战略科学性、合理性的重要条件。

二、水产品营销战略的制定程序

根据 FAO 预测，世界水产品消费量在未来 30 年内将进一步增加，全球年人均消费量从目前 16 千克增加到 2030 年的 19 ~ 20 千克。发达国家的消费方式将主要是对高成本、高价值种类的需求和进口；发展中国家的贸易流量将反映在高成本、高价值种类的出口和低成本、低价值种类的进口。中国将成为世界水产品的重要供应地，我国水产品消费家庭购买的增长总体有 2% ~3% 以上的幅度，对水产品消费需求总量可达到 5 000 万吨以上。

另外，以加工产品和以水产品为原料的副产品生产量的增加，也增加了对水产品的消费的需求。我国水产品加工业取得了突破性进展，已经形成冷冻冷藏、调味休闲品、鱼糜与鱼糜制品、海藻化工、海洋保健食品等几十个产业门类。但是，我国水产品加工的比例远低于发达国家的水平，产业集中度不高、加工技术与装备落后、资源再利用程度低。

在水产业总体发展规划之下，营销战略也要服务于产业发展战略进行新的转型。以建设质量安全型、资源节约型、环境友好型、规模效益型水产业为指导思想进行营销战略制定。

1. 转变水产品营销理念，建立现代营销观念

从观念上进行转变才能使得营销人员的行为有创新。新兴的现代营销理念有：创造需求的营销、关系营销、绿色营销、文化营销、精准营销等，需要营销人员进行理解并应用于工作实践。

2. 构建水产品的现代流通方式

在国家政策方面，政府将不断加大水产品批发市场建设的力度，增强服务能力和辐射能力。重点支持水产品物流、连锁经营、直销配送、电子商务等现代流通方式的发展，注重大宗水产品期货市场、租赁市场的培育。用科技手段建立网上水产品销售信息中心；以协会、联合会等条件形式形成销售网络，采取批发、期货、转口等办法销售；在大中城市设立水产品销售窗口。多渠道销售水产品，实行水产品国际国内大循环，搞活水产品流通。

3. 完善市场信息体系建设

构筑水产品生产经营者与市场的有机联系平台，帮助生产经营者成功进入市场。建设好水产信息网，创办水产品综合网上交易市场、水产品综合性网上超市、水产品电子交易所、专门水产品网上商店等方式促进水产品流通；抓好水产品市场预测、预报体系建设，以满足广大生产经营者了解市场供求、气候、自然突变对渔牧产品市场的影响，为生产经营活动提供有效服务。

4. 加强对市场主体的培育

重点建立水产品产销协会和龙头企业。协会和龙头企业要依法进行注册、登记、落实法人代表；加强水产品营销队伍建设，培养销售人员的创新意识和产前意识，敏锐把握市场机会。培育水产品合作经济组织和经纪人队伍，充分发挥其在渔民、企业与市场间的桥梁与纽带作用，引导水产品合作经济组织、水产品经纪人队伍以及行业协会、龙头企业和专业大户进行市场化运作的方式。通过宣传引导进行无公害水产品品牌申报和基地认定，引导他们进行标准化管理和

HACCP 认证，推进“订单水产”、“合同水产”的有序发展。

5. 强化水产品促销服务

全面强化水产品营销促销服务，立足国内市场，放眼国际市场，加快构建、有效开拓国际市场和衔接国内产销的水产品营销促销服务体系，提高市场竞争力。

构建水产品对外贸易平台，弘扬水产品文化，展示水产品的优质，在扩大招商引资和水产品知名度的同时，促进水产品销售，切实提高其在国际市场的占有份额。

结合水产养殖标准化生产战略，打造优质和绿色水产品品牌。推行水产品名牌发展战略，以品牌规范产品市场。

完善水产品包装，满足消费者需求，体现环保、人文和包装的美感。

6. 建立稳固营销链条，促进水产业良性发展

公司的营销活动应囊括构成其内、外部环境的所有重要行为者，即供应商、分销商、最终顾客、政府、同盟者、竞争者、传媒和一般大众。通过双赢与信任，与这些链条环节建立良好的合作关系。通过链条中的每一个环节进行营销市场信息反馈与预测，关注消费者诉求，为水产加工品选择合适的消费市场。

进行全员营销战略宣传，让水产品生产营销链条上的每一个员工都成为营销者，每一个员工都要熟悉产品的质量、性能和特色膳食方法。能够将产品的烹饪技巧、营养价值宣传给身边的每一个潜在客户或者客户，让更多的人熟悉、了解、接受我们的水产品。

总之，水产品企业要加快培植购销专业队伍和产业专业市场。通过组织、培植以农民营销人才和企业营销骨干为主体的水产品专业营销队伍，扶持、建立网络宣传、销售、交易平台，创建以水产品“窗口式”特色产业交易市场，并以企业化经营、市场化运作为模式，对外搞营销，对内传信息，从而带动并推进水产品产业的“升级”、“升位”。

第三节 水产品营销策略

案例:在广州市场上,品牌猪肉、品牌蔬菜很受青睐,但就是不见有品牌水产品。不少市民买冰鲜鱼的时候都会担心:会不会是养殖鱼当野生鱼卖,会不会变质等,冰鲜水产品甲醛超标的问题是否存在。有个别不良商贩不愿加大保鲜成本,通过违规加大甲醛等保鲜剂含量对冰鲜水产品进行保鲜、延长保质期,也使卖相更好看。但市内一些不规范的市场不具备水产品质量安全监控设备,对水产品商户经营的冰鲜鱼质量也无法检测,使得这些甲醛鱼也流入了市场。

针对这种现象,广州水产集团有限公司推出了"鱼意牌"放心海产品。"鱼意牌"的海产品都是从海洋直接捕捞的,全部是野生的,品种包括海虾类、红三鱼、英鲳、星斑、角鲳、黄花鱼、马鲛鱼等50多个品种,货源来自全国沿海产区,为确保新鲜不变质,所有产品都在产地加工冷冻后用冷冻车运至广州销售。与普通鱼不同的是,所有产品都要经过QS认证,以及广州水产品监测站的检测。

放心水产品价格比同品种的普通水产品略高。由于已进行加工,如鱼内脏等会去掉,有的鱼还去头去尾,所以价格贵10%以上。在广州鱼市场"鱼意牌"红三鱼售价为38元/500克,而普通红三鱼售价只是30元/500克,"鱼意牌"切片马鲛鱼肉售价32元/500克,而普通的马鲛鱼价格为20多元/500克。每盒鱼的价格也根据品种数量从上百元至几千元不等。

分析:广州首个"鱼意牌"品牌鱼,因其生产营销流程的品牌化管理,为消费者带来了放心,也为企业带来了利润。在水产品市场竞争日益激烈、产品同质化严重的现代市场经济之下，面对世界金融危机，如何能够为水产品企业获取长足的发展空间，依赖于科学超前的营销策略。

一、市场营销策略概述

市场营销策略是企业以顾客需要为出发点，根据经验获得顾客需求量以及购买力的信息、商业界的期望值，有计划地组织各项经营活动，通过相互协调一致的产品策略、价格策略、渠道策略和促销策略，为顾客提供满意的商品和服务而实现企业目标的过程。

在水产品企业营销管理过程中，制定企业营销策略是关键环节，企业营销策略的制定体现在市场营销组合的设计上。为了满足目标市场的需要，水产品企业对自身可以控制的各种营销要素如质量、包装、价格、广告、销售渠道等进行优化组合，重点应该考虑产品策略、价格策略、渠道策略和促销策略。营销者考虑的是产品销售，而顾客考虑的是购买价值，顾客希望尽可能便利地获得产品和服务，最后他们还希望有双向的交流。

二、营销战略与营销策略的关系

营销战略是企业市场营销部门根据战略规划，在综合考虑外部市场机会及内部资源状况等因素的基础上，确定目标市场，选择相应的市场营销策略组合，并予以有效实施和控制的过程。目标市场的选定和市场营销的组合是市场营销战略的两个相互联系的核心部分。

即使是一个品质优良、营养全面的水产品也不可能满足所有的市场。因此，在制定水产品营销策略时，首先应该充分重视营销战略，做好市场调查、市场细分、市场优先、市场定位等。水产品营销战略必须通过对水产品消费需求的深入调查和仔细研究，寻找潜在需求，捕捉市场机会。根据一些细分变量来分割市场，进行比较、评价，选择其中一部分作为自己确定的目标市场，针对它的需求特点开发适宜的产品，制订合适的价格、渠道、促销策略，实现产品的既定目标。

营销策略的制定是为了更好地贯彻营销战略，因此营销策略要服务于营销战略。由于产品策略、价格策略、渠道策略和促销策略各自包含若干个具体策略，形成各自的亚组合，如产品策略中就包括诸如产品组合策略、新产品开发策略、包装策略、品牌策略等。因此，高绩效的市场营销战略不仅在于这四大策略的灵活运用和不断创新，而且在于灵活运用和有效组合每一个亚策略，形成动态优化组合，协调一致为顾客需求服务。这需要水产品营销者从消费者的角度出发，来制定产品、价格、促销、渠道组合的市场营销策略。

三、水产品的市场营销策略

1. 产品策略

(1)产品差异化策略　产品差异化首先可以通过营销人员对消费市场的调查，建议企业开发产品品种时实行差异化，鱼、虾、贝、蟹、藻五大类及其加工产品，另外每个种类又含数十、数百、数千甚至更多品种。开发出形形色色的水产品，用来满足人们不同口味的需要。产品差异化营销从产品营销组合角度考虑，可以扩展到以下差异化策略。

1)顾客差异化营销　针对不同的顾客提供不同的水产品，这正是水产品市场成熟的标志。如针对某品牌鱼的销售，打出“吃鱼的女士美丽、吃鱼的小孩聪明、吃鱼的男士健康”来对消费者进行差异化营销；依据水产品种类、质量、产地等因素划分低、中、高价格在水产品市场上销售。较低的价格吸引和诱惑大批中下层收入者，高档水产品是为了较高收入的消费群体或请客送礼等而准备的。

2)功能差异化营销　通过挖潜产品的其他功能寻求新的市场营销点。通过各种形式的媒介手段，将有产品特征的信息传达到目标市场，让顾客感到产品的差异，从而在顾客心目中树立此产品与众不同的形象；依据种类、营养、来源、产地、部位、加工等不同划分水产品的不同功能，以吸引更多的消费者。

3)服务差异化营销　在人们关注消费过程感受的营销服务中，人性化的服务会提高消费者对产品的满意度。例如，订货方便、免费送货、分期付款、客户咨询、产品使用指导、产品选购常识指导等，都可以在不同程度上形成整体产品的差异化。

4）分销渠道差异化策略　销售环节最容易造成产品的差异化，不同规模和声望的零售企业，不仅会造成产品质量形象的差异，也会给消费者带来产品整体形象的差异。因此，选择有特色、高信誉的代理商、零售商、超市等会增加顾客的信任度。

（2）高品质营销策略　水产品市场是出口型导向、中高档餐饮导向、中产阶层消费导向的市场。水产品出口已经连续十几年成为农产品品类中出口的第一大产品。餐饮市场主要靠水产品支撑，除去酒水之外，餐饮市场的利润主要靠海鲜、河鲜、江鲜产品取得。贵族化消费、商务化消费、礼仪化消费、友情化消费、时尚化消费主要靠水产品实现。零售市场中的传统水产品是老百姓的普通商品，这些产品占内陆总产量的72.9%。但是这72.9%的产品所创造的经济价值远远比不上余下的27.1%，27.1%的市场主要靠中产消费阶层支撑。因此，开发高品质水产品，是未来水产品市场发展的空间。

营销人员在此类产品营销中要通过高品质营销定位来开拓市场。高品质的体现要通过广告设计、产品包装设计、产品功能诉求、营销服务高品质、营销渠道高品质来实现。如产品进入超市营销、包装精致豪华、功能定位中高档人群、价格高品位、营销服务模式可以送货上门、附带给予免费上门进行膳食加工等来体现高品质。

（3）优质策略　保证水产品质量过关，是放心产品。优质产品不一定附带高品质服务。开发名特优新品种，首先满足水产品市场上不同消费者的需求；其次是保证水产品质量安全，让消费者放心，并且应对"绿色贸易壁垒"的限制，促进水产品国际营销；再次是开发绿色食品，以优质带来优效，使之畅销；最后是严格按照国际标准进行水产品的生产、加工、销售，确保水产品质量安全，才能在国际市场上畅通无阻。

（4）品牌策略　品牌是对消费者的承诺。品牌策略需要从品牌开发、品牌定位、品牌运作、品牌维护等方面进行运作。首先，品牌的产品一定是优质无公害产品，标准化生产养殖、加工运输、包装等环节要绿色环保，消费理念要符合现代消费需求。其次，品牌定位要发挥区位、资源优势，要有特色，突出水产品的个性。可以在品牌中注入文化内涵，利用新闻媒体，投入一定的资金，做好品牌创意、品牌设计的广告宣传。通过报刊、电视、广播等新闻媒介，做好形象策划，将水产品的品牌特色传输到广大群众脑海中并留下深刻印象。除了必要的广告宣传外，还应注意举办丰富的公益活动，在公益性促销创意上下心思，以达到在公益活动中提高企业的知名度，实现营销创牌、保牌的目的。再次，要积极探索各种渠道模式来进行品牌运作。既可以用总代理、总经销、设专柜等方式，也可以直接进超市、连锁商店或网上销售；或者利用水产品展销会、渔博会、农博会、订单营销等途径了解市场和推动产品互动；开展系列的品牌促销活动。如，利用旅游节、品牌产品烹饪竞赛、现场垂钓体验等方式促销。最后，就是要保证品牌的网络化，借助互联网来进行品牌建设。

(5)包装策略　包装是一个优秀的“无声推销员”，科学、新颖的水产品包装不仅可以吸引消费者的注意，还可以刺激他们的购买欲望，从而实现水产品促销的目的。随着餐饮业的发展和批发市场、连锁超市的增加，水产品销量大增。小包装由于便于搬运、储存，易于货架销售，且冰块少，价格合理，特别受到家庭和中小餐饮业的青睐。由于我国水产品产量的迅速增长，对于短期内不可能进行精深加工的水产品，需要加工成半成品。这样，小包装除了搬运方便外，还便于深加工和市场销售。

目前，市场上的包装主要有以下趋势：小型化、绿色化、透明化、组合化和礼品化，企业可以根据产品情况选择使用。另外，在包装过程中，还可以采取下列包装营销策略。

1)突出产品形象的包装策略　食品包装上通过多种表现方式突出该食品是什么、有什么功能、内部成分、结构如何等形象要素。这一策略着重于展示食品的直观形象。

随着购买过程中自主选择空间的不断增大，新产品不断涌现，水产品企业很难将所有产品的全部信息都具体地向消费者介绍，这种包装策略通过在包装上再现产品品质、功用、色彩、美感等，有助于商品充分地传达自身信息，给选购者直观印象，真实可信，以产品本身的魅力吸引消费者，缩短选择的过程。

2）突出产品用途和使用方法的包装策略　通过包装的文字、图形及其组合告诉消费者，该食品是什么样的产品，有什么非凡之处，与哪些菜肴搭配使用，如何使用最佳，使用后的效果是什么。

3）展示企业整体形象的包装策略　企业形象对产品营销具有四两拨千斤的作用。因此，很多企业从产品经营之初就注重企业形象的展示与美誉度的积淀。这特别适合于有一定影响力的企业或有特色的水产品企业。

4）突出食品非凡要素的包装策略　任何一种商品化的水产品都有一定的非凡背景，如历史、地理背景，人文习俗背景，神话传说或自然景观背景等。包装设计中恰如其分地运用这些非凡要素，能有效地区别同类产品，同时使消费者将产品与背景进行有效链接，迅速建立概念。

（6）服务策略　市场的发展与成熟，使消费者对服务内容的要求越来越具体，对服务质量的要求也越来越高。水产品市场对服务的依赖更强，许多顾客连一些水产品的种类都不认识，甚至都没听说过。如何提高消费服务能力是继质量、价格之后市场竞争的重要内容之一。搞好服务，就是提高市场的竞争力。为顾客提供周到、细微、全面的服务，让其购买方便、携带方便、食用方便。例如，向顾客介绍水产品的种类、主要营养成分、食用的好处以及食用的方法等；现场为消费者演绎水产品食用方法及特色菜肴，甚至向消费者免费提供一些特色食谱制作说明等，以唤起他们的购买兴趣、引导消费。

在服务营销中，营销人员的专业服务固然令消费者满意，同时愉快的购物过程和购物体验也是吸引消费者的切入点。在服务营销中，创建舒适的营销环境，让消费者快乐舒适购物也是一种新型的营销服务策略。例如，天津市北塘新建的集装箱海鲜街就是一个好的例子。天津市北塘集装箱海鲜街，建造了别致、安全、舒适的集装箱海鲜餐厅。每个餐厅都拥有大露台，这样的露台既能观景又能和朋友把酒言欢。每个海鲜餐厅内都要进行“隔间”，区分出海鲜挑选区、粗加工区、切配区、主食加工区、副食加工区、冷菜间、洗碗间、库房等工作场地及包间、餐厅、露台等经营区域。根据规划，集装箱海鲜街共有大大小小 3 个停车场，共能容纳 200 余辆私家车。来北塘海鲜街吃饭的大都是一些北京或天津市区的客人,这些人有的来北塘出海当渔民,然后顺便吃上一顿鲜美的海鲜,有的则是专程来品尝“北塘海鲜”的。

(7)产品深加工营销策略　面对产品的同质化,产品品种多样化是进行营销的最佳措施。从初级产品出发,利用科学方法养殖来提高产品的营养价值或药用价值,或者对产品进行深加工,延伸产品发展空间,进行系列产品营销。

例如,诸暨市山下湖珍珠集团最新研制的蚌肉多糖养生型饮料为蚌肉的消化找到了路子,蚌肉多糖是从育珠蚌肉中,运用现代科技手段提取分离出的具有保肝、护肝,美容、养颜、抗衰功能的国家食品新资源。目前,多糖在向饮料领域拓展的同时,还应用到了化妆品,公司已成功研发了 17 种化妆品,其中 6 种已取得生产批文。下一步,公司将致力于蚌肉多糖在医药领域的应用研究。经过科学的提炼加工,蚌肉附加值就一下子提高了 80 倍。

水产品从传统的粗加工向现代科技深加工转变,不仅可以延长产品生命周期,而且也为营销广开渠道,增加利润空间。例如,宁夏广勤养殖有限公司经过 3 年淡水蚌培育试养获得成功后,新建一条珍珠首饰加工线,开始对淡水珍珠精深加工和美容化妆品开发,延长珍珠产业链条,有效地消化原珠,为水产养殖业扩大利润空间开辟了先河。

深加工可以针对水产品初级产品,也可以是产业链的进一步升级。2006 年“东裕牌”脆肉鲩已获得中国名牌,因块头太大(一般每条达 5 千克左右)等原因,一直难以作为普通老百姓家庭消费品,一定程度上限制了其市场拓展。在“中国脆肉鲩之乡”东升镇政府的支持下,东升的渔农产冷冻厂有限公司展开脆肉鲩深加工尝试,并已取得初步成功。他们对脆肉鲩鱼肉切片,利用先进的设施进行“微速冻”,脆肉鲩鱼肉保存能超过 100 天口感不变。目前,已实现小批量生产。通过对脆肉鲩鱼肉“化整为零”,它才能进入普遍家庭、进入超市。

2. 价格策略

(1)梯度价格策略　水产品因其鲜活性、易腐性和季节性,需要根据市场变化及时对价格进行调整。同时,水产品差异化的策略要求运用梯度价格策略将消费者有效区分,有的放矢。

首先是由品种差异化带来的价格差异化,水产品的品种丰富,加工类别多样,品种不同,价格自然有差别。其次是因档次差异化带来的定价差异化,不同水产品具有不同的质量、营养、产地以及包装,水产品企业应根据档次的不同划分低、中、高价格在市场上销售。较低的价格和普通的包装吸引大批中下层收入者,高档水产品和精致考究的包装满足高收入消费群体的需要。最后是因产品功能差异化带来的定价差异化,水产品的种类、来源、产地不同,营养也不尽相同,同一产品不同的部位、不同的加工方式也会使水产品的功能产生很大差别。因此,定价时要根据水产品的不同功能,实行差别定价,以吸引更多的消费者。

(2)优质低价策略　一个营销者要么降低成本,要么提供不同的产品,要么就离开这个市场。如果没有实力创新,又不舍得退出,就只有进行低价营销。低价策略是基于水产品及其水产品市场的特点提出来的,利用低价可获取市场份额,扩大销量,增强竞争力。低价的前提:一是规范管理以降低成本。二是依靠科技以提高效率,从而确保经济效益。

(3)折扣策略　在市场经济下,为了刺激顾客的消费行为,通常要对基本价格作适当的折扣。如价格折扣与折让,即实行让利。抓住顾客的心理进行促销定价。通常利用节假日和换季时节进行所谓的“大甩卖”、“优惠酬宾大减价”和“买一送一”活动,把部分产品按原价打折出售,以促进销售。进行购买一定量的折扣优惠活动,例如,一次性购买水产品价值超 50 元给予九折优惠,超 100 元给予八折优惠等刺激消费。

3. 促销策略

成功的促销策略常常会带来令人意想不到的效果,它是市场营销活动中最为丰富多彩的环节之一。水产品促销有广告推广、人员推销、关系营销、营业推广 4 种形式。针对广告推广,广大水产品企业以及经纪人要认真研究水产品的市场环境、水产品消费群体、广告受众等特点进行精心策划,把钱花在刀刃上。人员推销也是常用的促销手段。一批懂专业、训练有素的水产品推销人员向消费者传递信息、提供服务或推销水产品。另外,将公共关系、营业推广等促销手段充分利用到水产品市场营销过程也是十分重要的。在进行水产品营销的时候要把促销策略灵活运用,与顾客建立长期关系,培养一批忠诚的顾客群。

(1)广告促销策略　利用报纸、杂志、广播、电视、户外路牌以及车视 TV 等媒体定期发布广告,增加水产品在媒体的出现频率,加深产品在消费者头脑中的印象,引导他们的消费观念。做广告时,说明式语言是必要的,更要在理性诉求的基础上融入一些感性元素,如可以附带一些健康的食谱或者便捷的水产品处理方法等,从而实现品牌内涵、产品利益与消费者需要的高度一致。

(2)全员营销策略　营销不仅仅是销售部门的事,而是企业所有员工共同的责任。把营销纳入战略层面上去思考,所有的研发人员、生产人员真正站在市场的角度去思考问题。非营销部门的工作应以市场观念来规划本部门的资源,充分发挥部门职责,以推动公司的整体利益。非营销部门应该向营销部门学习,将本部门的工作以营销观念来规划,以营销的市场竞争观念来开展工作,这样能最大化地提高部门工作效率。非营销部门员工还可以开展营销实习,帮助员工理解营销的工作实际,进行换位思考,提高整体协调性。在全员营销理念的引导下,部门之间是顾客关系,建立“内部市场”,在服从公司整体利益的前提下,必须让“顾客们”,尤其是营销部门满意最大化。

各部门的职能是尽量给其他部门提供服务和支持,即满足顾客需求,生产部门应该充分考虑市场竞争的成本要求、时间要求、多样化要求。

(3)关系营销策略　关系营销是把营销活动看成是一个企业与消费者、供应商、分销商、竞争者、政府机构及其他公众发生互动作用的过程,其核心是建立和发展与这些公众的良好关系。水产品一般都是地域产品,和政府合作较好,多依靠政府的支持与帮助。借助地方政府的力量,要积极组织产品参加各种全国性和国际性展销会、渔博会、农博会,了解市场和推动产品互动,或者借助地方旅游节或其他重大活动，进行产品促销。例如，泉州政府借奥运会之际，在北京举办“泉州龙眼”的推荐会就值得借鉴。

（4）事件营销　事件营销是通过把握新闻的规律，制造具有新闻价值的事件，并通过具体的操作，让这一新闻事件得以传播，从而达到广告的效果。也是企业通过运作公关事件来迅速提高企业及其品牌的知名度和美誉度，达到“一举扬名天下知”的目的。

进行事件营销，企业必须整合本身的资源，通过具有吸引力和创意性的活动或事件，使之成为大众关心的话题、议题，因而吸引媒体的报道与消费者的加入，进而达到营销的目的。例如，泉州政府在北京举办完推荐会后，请知名的著名品牌策划专家谢付亮到地方电台就政府到北京卖龙眼进行座谈，借助专家名气来进行事件营销。再如，可以通过四川地震进行捐赠水产品，利用水产品实物慰问贫困家庭、资助贫困学生等来扩大消费者对企业的认知。

（5）文化营销策略　企业向消费者推销的不仅仅是单一的产品，产品在满足消费者物质需求的同时还满足消费者精神上的需求，给消费者以文化上的享受，满足他们高品位的消费。这就要求企业转变营销方式进行文化营销。文化营销是企业营销人员及相关人员在企业核心价值观念的影响下所形成的营销理念以及所塑造出的营销形象，两者在具体的市场运作过程中所形成的一种营销模式。

在对水产品进行文化营销时，以水产品作为文化的载体，通过市场交换进入消费者的意识。文化营销既包括浅层次的构思、设计、造型、装潢、包装、商标、广告、款式，又包含对营销活动的价值评判、审美评价和道德评价。还可以通过挖潜水产品背后的文化故事或者典故，挖潜与水产品有关的人物、典故或借助地方文化来宣传、促销。例如，武昌鱼可以借助毛泽东的著名诗句“才饮长沙水，又食武昌鱼”进行促销；文蛤可以借历史传说乾隆帝下江南，因品尝文蛤，称“此物鲜极，堪称天下第一鲜也”进行促销；从“五柳鱼”又叫“东坡鱼”的典故进行促销，让人们在享受美味的同时可以重温历史文化的厚重，雅俗共赏。通过对鱼文化研究、当地渔风渔俗体验或者水产菜肴中的一些典故、文化、传说来吸引消费者与我们一起见证历史、共品佳肴。

例如,2009 年的鳗鱼业发展规划中,顺德政府发现:鳗鱼业要健康发展,一定要开拓中国内地市场,单一的日本市场风险很大。内地有鳗鱼消费的市场,要打开市场一定要做出品牌,要行业联合起来统一推介品牌。因此,鳗鱼产业正式宣布调整:鳗鱼将被引入粤菜、川菜、湘菜等菜系,并借助全国首个鳗鱼美食文化节以及省内旅游线路推广等契机,挖掘潜力消费者。在“广佛旅游同城”、“南顺番旅游联盟”中,顺德着重打造的是“美食之旅”,让游客来到中国鳗鱼之乡可以观赏到鳗鱼生产、加工、养殖基地等,从多元化的角度挖掘本土旅游文化内涵。

(6)体验营销策略　通过采用让消费者观摩、聆听、尝试、试用等方式,使其亲身体验企业提供的产品或服务,让顾客实际感知产品或服务的品质或性能,从而促使顾客认知、喜好并购买的一种营销方式。这种方式以满足消费者的体验需求为目标,以服务产品为平台,以有形产品为载体,生产、经营高质量产品,拉近企业和消费者之间的距离。

体验营销主要有以下集中模式:

1)文化模式　即我们提到的文化营销策略。利用一种传统文化或一种现代文化,使企业的商品及服务与消费者的消费心理形成一种社会文化气氛,从而有效地影响消费者的消费观念,进而促使消费者自觉地接近与文化相关的商品或服务,促进消费行为的发生,甚至形成一种消费习惯和传统。

2)服务模式　即我们在产品策略中提到的服务促销策略。对企业来说,优越的服务模式,可以征服广大消费者的心,取得他们的信任,同样也可以使产品的销售量大增。

3)环境模式　主要指舒适良好的购物环境。消费者在感觉良好的听、看、嗅过程中,容易产生喜欢的特殊感觉。良好的购物环境,不但迎合了现代人们文化消费的需求,也提高了商品与服务的外在质量和主观质量,还使商品与服务的形象更加完美。水产品进入超市、大型水产品专卖市场、高档的酒楼、餐厅就是一种较好的环境模式。

4)个性模式　为了满足消费者个性化需求,企业开辟出了一条富有创意的双向沟通的销售渠道。在掌握消费者忠诚度之余，满足了消费者参与的成就感，同时也增进了产品的销售。例如，开篇案例中提到的定制式螃蟹营销就是非常个性的营销模式。可以请消费者到鲜活水产海域垂钓，将垂钓到的水产品卖给消费者，并且可以帮助消费者免费加工；或者邀请一些消费者参观水产品养殖及加工现场的标准化规范化作业；或者举行品牌产品烹饪竞赛，颁发具有水产品形象标志又具有保存价值的奖品等让消费者快乐购物。

5)多元化经营模式　现代销售场所不仅装饰豪华，环境舒适典雅，设有现代化设备，而且集购物、娱乐、休闲为一体，使消费者在购物过程中也可娱乐休息。同时，多元化经营模式也使消费者自然而然地进行了心理调节，从而还能创造更多的销售机会。如我们在服务营销中介绍的天津北塘新建的集装箱海鲜街的营销模式。

4. 渠道策略

营销渠道又称分销渠道、销售通路、配销通路。营销渠道策略主要包括营销是否采用中间商，分销渠道长短、宽窄，具体渠道成员等。

(1)一体化营销策略　水产品一体化营销应是一个政府、行业协会与市场经济组织(养殖、加工与流通经济组织)协调运行的一体化营销体系。在这个体系当中，政府应为企业创造良好的市场环境、生产服务体系和市场推广体系。政府应为企业创造良好的政策环境，支持与培养形成水产品种苗、饲料、养殖、加工与流通一体化的利益共同体。水产品协会应成为连接小规模渔业生产与大市场流通、政府与企业、企业与企业的桥梁。市场组织应遵从市场规则，强化企业社会责任意识。建设与成立不同层面、不同产业链端的行业协会是促使市场组织遵从市场规则，强化企业社会责任意识的有效制度安排。

(2)改变传统营销模式策略

1)建立水产品期货市场　在价格大幅波动的水产品市场，水产品的经营者关注如何来规避价格风险，保证企业生产经营的稳定。企业的生产经营管理是可以控制的，但原材料和下游产品价格的变化不是由单个企业来决定的。利用期货工具结合原有的现货手段，可以将价格的变化由原来的全部外部决定，转变成企业可以控制和调节;利用期货工具,可以降低企业运作成本,开拓企业的新销售模式,有效提高企业的竞争力。让鲜活水产品还在水中正常生长时就已像工业产品一样,通过现场期货贸易方式"游"进商品流通的大市场。

2)网络直销和传统营销模式相合　伴随着全球化和互联网成长,消费者的消费模式和生活理念也发生了改变。利用网络等媒体开展营销活动能更便捷地拓展水产品市场。网络直销可以降低消费者的购买成本,可以将产品同时推介给更多的消费者,便于和消费者通过网络进行直接的交流。例如,利用专业网站、个人网站、网络游戏、博客、QQ 群等媒体快速复制和传播信息,激发购买热情。消费者可以通过电话、传真等传统方式进行产品订货,也提供 Email 订单、在线订单等网络方式实现产品订货,而在物流配送上,消费者可以网上下订单和网下公司实体店自己取货,也可以选择 UPS 等第三方物流配送到全国各地。支付方式可以采用在线支付和货到付款等多种方式。网络营销同样也要做好产品策略和促销策略来吸引消费者,网络直销可以作为传统营销的辅助手段。

(3)完善终端市场策略　水产品企业要借助政府搭建的平台,在大中城市的批发市场建立销售点,搞好零售终端建设,完善销售网络,建立绿色食品批发市场,形成全国统一的绿色食品营销网络。除了在农贸市场、综合商店、酒店销售之外,还要充分重视大型超市和绿色水产品专柜或专营店的销售功能。扶持水产品走进国际连锁星级大饭店内的海鲜餐厅,扩大消费群体和消费档次。例如,政府可以扶持在本地区的旅游开发区或名胜古迹旁建立海鲜餐厅,吸引爱好海鲜的人前往消费。另外,政府要帮助水产品企业联系建立销售网点和网络,组织企业在大中城市的商场进行展销,与连锁巨头和水产品批发商进行洽谈,减少企业间的沟通环节,降低企业的营销成本。

(4)短化渠道策略　即建立生产地—配送中心—超市、连锁店—消费者渠道通路。尽可能减少中间环节,可以使得物流快、成本低、效率高。扁平化可以使生产者按照消费地区卖场或者消费者的要求实行"定制销售",满足顾客个性化需求,同时顾客也积极参与营销渠道的构建。

(5)选择性分销策略　水产品企业从愿意合作的中间商中选择一些条件好的中间商去销售自己的产品。选择中间商时,要把重点放在与本企业有相同的环境保护意识、有良好的绿色企业形象,并能真正合作的中间商。商店一般要选择繁华地段,居民文化层次比较高的地段及客流量比较大的地区。

(6)建立水产品连锁销售商店　销售网点可以借鉴国内外连锁商业的成功经验,结合各地具体情况,实现严格的"8个统一管理",即统一采购、统一库存调配、统一商号、统一外观和内部陈列、统一价格、统一核算、统一宣传、统一管理。这样可以对员工强化绿色服务意识,树立为消费者提供绿色服务的企业精神,形成与绿色消费相适应的企业文化。同时,还要成立连锁总店的配货中心,组织联购分销。大批量直接进货享受价格优惠,增强与其他同类产品的竞争力,又能够缩短渠道,减少污染。

(7)加强渠道内部关系管理　渠道成员间的关系已经由原来各自追求最大利润为目的的交易关系转变为各种合作关系或伙伴关系。渠道成员间可直接通过因特网进行交流和沟通,实现完全信息共享,实现社会资源的优化配置。水产品流通中生产者与大市场的矛盾、水产品结构不合理的问题等表现突出,解决这些问题需要渠道成员共同合作,做好为农服务,创新水产品市场预警机制,实现按需生产,健全国内外一体化的农产品营销网络等。

(8)大力发展水产养殖专业合作组织　合作组织是农业产业化中的有效组合方式,可以节约资源、技术信息共享。水产品合作组织一般有以下几种形式:一是以技术能人或经营能手为核心,由渔民自己组织兴办的养鱼、养虾、养贝、运销等专业合作社;二是由大型水产品加工企业组织引导渔民兴办的水产品供销产合作社;三是依托政府有关经济技术部门,如水产技术推广部门组织引导水产养殖者兴办或者联办的各种协会,通过民办、民管、民受益的方式,做到风险共担,利益共享,使广大养殖者的利益得到保护。

(9)发展国际化营销渠道　龙头企业要开阔眼界,瞄准国际市场的需求,走向世界市场的大舞台。龙头企业充分利用国外农业资源,开展跨国投资经营。加强对国际贸易技术壁垒信息的收集、整理和研究，提高应对能力，优化贸易商品结构，扩大水产品出口。发展现代营销体系，建设新型物流方式，拓宽国际水产品销售渠道。

（10）延长水产品生命周期　由于地区差异，不同地区间经济发展极不平衡，城市与农村、沿海与内陆，在一个地区水产品的生命周期完成，而在另一个地区才刚刚开始。在实际运作中，应注意不同地区间，甚至不同国家间市场的转移，填补空白，创造需求。同时，可以依靠综合发挥营销组合策略的作用和功能，刺激需求，扩大市场份额，从而延长产品的市场寿命，特别是成熟期延续的时间。

5. 绿色营销

水产品绿色营销是指水产品企业既要充分考虑满足消费者对绿色水产品的消费需求，实现水产品企业利润最优，又要充分注意水资源环境的生态平衡，关注包装营销过程中的绿色环保和环境利益，以可持续发展为目标，产生良好的社会效益的过程。

首先要建立绿色营销理念，积极开发绿色水产品生产基地。以国内外市场需求为导向，以科研部门为依托，大力开发以农业资源永续利用和促进人类健康为核心的水产品开发、生产、加工、销售技术体系。其次要加强绿色管理，利用绿色技术生产绿色产品。做好积极认证，获取水产品绿色标志。进行绿色包装，考虑环境成本，制定绿色价格。绿色价格意味着环境资源的开发利用不是免费的，产品的价格需要反映环境资源的价格。由于绿色产品在环保方面增加了投入，因而成本一般高于普通产品成本，这样，在正常情况下，它的价格要高于非绿色产品价格。同时，要开发绿色促销，绿色促销包括绿色广告、绿色公关、绿色人员推销和营业推广，弘扬绿色文化，引导绿色消费。

总之，水产品包装的设计研制，应以对资源和能源的有效利用及对生态环境的保护作用为前提，不但要使企业有效地减少不必要的浪费，对减缓地球资源耗竭有所助益，而且要考虑废弃物的处理。在产品设计时，还要综合考虑各种因素，如材料选择、产品制造、品牌、包装、回收、节能、无污染、安全等。水产品包装的制造过程中，应尽量避免使用有毒有害的原料及中间产品，减少生产过程中的各种危险性因素；使用少废无废的工艺和高效的设备，物料的再循环使用，简便、可靠的操作和控制，完善的管理。包装产品是清洁的，在使用过程中以及使用后不会危害人体健康和生态环境的因素，易于回收、复用和再生。合理的包装，合理的使用功能以及具有节能、节水、降低噪声的功能，易处理、易分解等。在绿色营销的理念中，产品在设计包装时，除同类型、异类型、复用型等级包装、更新包装等包装决策之外，应加入为增加用户环境保护意识而设计，为降低残余物质对环境污染的材料选择，以及考虑包装废弃物处理等观念。

阅读材料

一、芦花牌彭泽鲫钻进氧气袋好畅销

江西彭泽鲫是农业部向全国重点推广的5种淡水鱼之一，虽以肉多味美而闻名，但由于“鱼儿不能离开水”，过去总是难以远销。但自从这些鲫鱼“钻”进小氧气袋后，便迅速身价倍增，畅销全国各大市场。

芦花牌彭泽鲫淡绿色手提礼品盒，正面开了一个透明的椭圆形塑料窗，两条肥硕的彭泽鲫悠然自得地游来游去。顾客购鱼，手不沾腥，就像拎着漂亮的鱼缸回家。采用高阻隔充氧保鲜技术，鲫鱼在包装袋中的存活期平均可达10天以上。以这种独特的销售方式，彭泽鲫就能活蹦乱跳地进入全国各大市场了。

肉多味美的彭泽鲫有着巨大的市场前景，但由于在长途运输中有着许多的困难，极大地影响了彭泽鲫的推广和销路。自从有了充氧包装袋后，彭泽鲫就能“畅游”全国了，其品位与身价也一下子从农贸市场的地摊货，提高到进入超市的货架。

为满足规模化超市销售的要求，彭泽县不仅为彭泽鲫统一注册了“芦花”牌商标，而且还进行了绿色食品认证注册、规格化包装条形码和专利保护的申请。“芦花”牌彭泽鲫经过国家绿色食品发展中心评审，被认定为绿色食品A级产品，进一步树立了彭泽鲫鱼绿色、环保、安全的形象。

二、广东鳗鱼“游”进川湘菜系扩大内销影响力

目前，优质规格鳗鱼还继续养殖在池中，大量滞销。进口国列出500多项农药成分列表，以1/10亿的精准度来检测鳗鱼。据商会相关人员介绍，由于与进口国同行的竞争激烈，中国内地鳗鱼从池塘到终端市场，至少需要经过5层相当严格的检验，合格才能出口。

顺德是广东乃至全国重要的淡水鱼主产区和出口基地，当囤池规格鳗鱼养成老鳗鱼后，很多鳗鱼农意识到，单靠出口进口国这一单一渠道，中国鳗鱼业将受制于对方。因此，他们欲在扩大产品出口国范围的同时，大力开拓中国内地市场，寻求鳗鱼生产和加工的出路。

1. 营销策略调整：销售向“内外结合”转型

面对鳗鱼囤池的现状以及一个支柱产业如何继续发展等问题，鳗鱼产业商会、协会多次组织企业进行商讨，并以多数企业赞成的票数决定将调整发展战略。鳗鱼的口感以及营养价值不亚于四大家鱼，但是一直以来没有获得内地人的青睐，普及程度不高。究其原因主要是鳗鱼行业在精心经营出口市场的营销策略下，对中国内地市场推广力度不够，导致内地市民对鳗鱼的认识比较低，导致内地鳗鱼市场不温不火。鳗鱼业要健康发展一定要开拓中国内地市场。单一的日本市场风险很大，随着人们生活水平的提高，内地有鳗鱼消费的市场，但要打开市场一定要做出品牌，要行业联合起来统一推介品牌。

2. 产业调整通渠道

作为支柱产业，却没有响当当的品牌让世人记住。鳗鱼产业正式宣布调整，鳗鱼将被引入粤菜、川菜、湘菜等菜系，广东省省内大企业将在一级城市推广鳗鱼，届时一般的消费者在大型超市就可买到鳗鱼，城市食街有鳗鱼主题餐厅，闹市中有鳗鱼专卖店等，昔日贵价的鳗鱼开始走上普通百姓的餐桌。

3. 品牌建设促发展

鳗鱼产业正式宣布调整，为带动鳗鱼产业的发展，政府将通过餐饮、旅游线路等打造鳗鱼品牌。

4. 文化节促销销售

协会将在文化节推出鳗鱼新菜式，并借助全国鳗鱼美食文化节以及省内旅游线路推广等契机，挖掘潜力消费者。在“广佛旅游同城”、“南顺番旅游联盟”中，顺德着重打造的是“美食之旅”，目前正在规划设计路线，让游客来到“中国鳗鱼之乡”可以观赏到鳗鱼生产、加工、养殖基地等，从多元化的角度挖掘本土旅游文化内涵。

除了粤菜外，鳗鱼准备进军川菜、湘菜，鳗鱼制作正在引入辣文化。滞销的规格鳗鱼，其肉质就刚好适合水煮鳗鱼的菜式制作，让鳗鱼“游”进川菜、湘菜等菜系的辣文化，丰富鳗鱼的菜式。

第八章　水产品质量控制与加工技术

水产品质量安全是指水产品质量状况对食用者健康、安全的保证程度。构成水产品质量安全的隐患：一是水产品受到污染给人类的健康、安全带来威胁，二是水产品工业技术发展带来质量安全问题，三是滥用水产品标志。

近年来，我国已经在水产品质量安全领域内进行了有益实践，制定出台了一系列管理规范和控制措施，并广泛开展了水产品质量安全体系认证和产品认证，尤其在产品认证体系建设方面取得了显著成效。目前，我国普遍开展的产品认证主要有无公害农产品、绿色食品和有机食品。

第一节　水产品质量控制

多宝鱼事件

2006年11月17日，上海市食品药品监督管理局公布对上海市多宝鱼抽检结果："据最近市食品药品监管局对本市沪西、铜川水产品批发市场、超市和部分饭店采样的30件冰鲜、鲜活多宝鱼检测结果显示，除重金属指标检测合格外，30件样品全部检出硝基呋喃类代谢物，且呋喃唑酮代谢物最高检出值为1毫克/千克左右。同时，部分样品还检出恩诺沙星、环丙沙星、氯霉素、孔雀石绿、红霉素等禁用渔药残留，部分样品土霉素超过国家标准限量要求。"该局同时发布消费预警："因本市市售多宝鱼检出药物残留超标严重，食监部门提醒市民谨慎购买、食用药物残留超标的多宝鱼。"

"多宝鱼风波"由此引发，而且，事态急剧恶化。此后，北京、杭州、广州、南京等地则相继"封杀"多宝鱼，一时间，各地水产市场对"多宝鱼"避之唯恐不及，造成了全国多宝鱼滞销的局面。此外，山东省海洋渔业厅也发出通知，暂停全省多宝鱼的出货和销售。前所未有的禁售令一经发出，原本在各大城市宾馆、酒店堪称名菜的多宝鱼每千克市场售价瞬间由200元左右降到了20多元，甚至处于"有鱼无市"的状态。尽管被检测出问题的多宝鱼来自日照和威海，但是，作为我国多宝鱼养殖面积最大、养殖时间最早、养殖技术最先进的地方，烟台遭受的打击是近乎毁灭性的。一夜之间，来自山东的名贵多宝鱼在各大城市成了人人喊打的"过街老鼠"。

分析:水产品质量安全不仅对消费者极为重要,对生产经营者更应引起高度重视,否则会直接影响到该行业的生存。

一、我国的水产品质量认证体系

1. 无公害水产品

(1)概念　无公害水产品是无公害农产品的重要组成部分。无公害农产品是指产地环境、生产过程和产品质量符合国家有关标准和规范的要求,经认证合格获得认证证书,并允许使用无公害农产品标志的未经加工或者初加工的食用农产品。

(2)标志　主要由麦穗、对勾和无公害农产品字样组成,麦穗代表农产品,对勾表示合格,金色寓意成熟和丰收,绿色象征环保和安全。

无公害农产品标志

2. 绿色水产品

(1)概念　绿色水产品是绿色食品的重要组成部分。绿色水产品是指遵循可持续发展的原则,按照绿色食品标准生产,经专门机构认定,许可使用绿色食品商标标志的安全、优质食品。

绿色水产品的管理依照绿色食品的开发管理体系,该体系由严密的质量标准体系、全程质量控制措施、网络化的组织系统、规范化的管理方式几部分组成。

(2)标志　为适应我国国内消费者的需求及当前我国农业生产发展水平与国际市场竞争,从1996年开始,在申报审批过程中将绿色食品区分AA级和A级。

A级绿色食品是指在生态环境质量符合规定标准的产地,生产过程中允许限量使用限定的化学合成物质,按特定的操作规程生产、加工,产品质量及包装经检测、检验符合特定标准,并经专门机构认定,许可使用A级绿色食品标志的产品。

AA 级绿色食品是指在环境质量符合规定标准的产地，生产过程中不使用任何有害化学合成物质，按特定的操作规程生产、加工，产品质量及包装经检测、检验符合特定标准，并经专门机构认定，许可使用 AA 级绿色食品标志的产品。AA 级绿色食品标准已经达到甚至超过国际有机农业运动联盟的有机食品的基本要求。

绿色食品标志

绿色食品标志由 3 个部分构成，即上方的太阳、下方的叶片和中心的蓓蕾，象征自然生态；颜色为绿色，象征着生命、农业、环保；图形为正圆形，意为保护。AA 级绿色食品标志与字体为绿色，底色为白色，A 级绿色食品标志与字体为白色，底色为绿色。

3. 有机水产品

(1)概念 有机水产品是有机食品的重要组成部分。有机食品是指来自有机农业生产体系，根据国际有机农业生产的要求和相应的标准生产加工的，并经有机食品政府机构认证的一类农副产品。它是一种真正源于自然、高营养、高品质的环保型安全产品。

有机食品标志

(2)标志 有机食品标志采用人手和叶片为创意元素。我们可以感觉到两种景象：其一是一只手向上持着一片绿叶，寓意人类对自然和生命的渴望；其二是两只手一上一下握在一起，将绿叶拟人化为自然的手，寓意人类的生存离不开大自然的呵护，人与自然需要和谐美好的生存关系。

二、水产品质量控制中的储运、加工

(一)水产品保活、保鲜储运

1. 活体储运

(1)短距离的活鱼运输　一般用汽车、拖拉机、活鱼运输箱、活鱼运输车等短距离运输。运鱼的适宜水温以 6～15℃较好,可用井水或加冰降温。注意温度差不能超过 5℃,帆布篓每只可装活鱼 50～75 千克,若篓内套上大尼龙袋密封充氧,可多装鱼 20～40 千克,一般存活率能达 90%以上。如运罗非鱼或鲤鱼还可多装些。

(2)长距离的活体运输　一般要求保持水产品体温差为 3～5℃,大多选择在夜间,避免太阳暴晒。主要长途运输方式有:带水敞口运输、化学增氧运输(添加给氧剂、鱼氧精、过氧化氢等)和尼龙袋、塑料桶等容器的密闭运输(装入鱼水后充氧密闭运输)。

鱼苗、鱼种的长途运输多用塑料袋、尼龙袋、硬质耐压桶作容器,适用于水、陆、空等多种运输工具。塑料袋用一种白色透明耐高压聚乙烯薄膜制成,规格 70 厘米×40 厘米,厚 0.05～0.18 毫米。

河蟹、甲鱼、河蚌、梭子蟹、文蛤、蚬等的长距离运输主要采用半干法运输,将水产品活体装入湿润的蒲包、麻袋、柳条筐等容器中,中途要求淋水保持湿润,避免水产品挤压。河蟹、梭子蟹运输前应用皮筋、草绳缚住蟹螯、蟹脚,减少运动和防止受伤。

(3)麻醉运输　用药物将鱼麻醉,使呈类似休眠状态,呼吸频率减慢,代谢降低,耗氧减少。麻醉保活的运输对象主要以名特优活鱼为主。

几种在活鱼运输中的麻醉剂:

巴比妥钠:在 13.3 毫克/千克的巴比妥钠溶液内,水温 10℃时,活鱼能麻醉 10 多个小时,放入清水 5～10 分钟后缓解苏醒。

苯巴比妥钠或戊巴比妥钠:可按每千克体重 0.1 毫克肌内注射,药效时间达 8～20 小时。戊巴比妥钠药效反应迅速,但作用时间稍短。

2. 冷却保鲜

水产品的冷却是将鱼体的温度降低到接近液汁的冰点,但不冻结。鱼类液汁的冰点,依鱼的种类不同而不同,在 -0.5 ~ -0.2℃,鱼体液汁的平均冰点可采用 -1℃。冷却保鲜时间一般为 2 ~3 周。

主要冷却方法:

(1)在空气中冷却保鲜　陆上鱼品加工厂采用制冷系统使冷却间内的温度保持在 -1 ~0℃,将水产品冷却保鲜,一般仅在加工前短时间内使用。

(2)用冰冷却保鲜　又称冰冷却法(即碎冰冷却、冰藏或冰鲜),是鲜水产品保藏运输中使用最普遍的方法。一般认为,淡水鱼可用淡水冰,也可用海水冰;而海水鱼只许用海水冰。水产品冰冷却的方法有两种,即干冰法与水冰法。

干冰法:也叫撒冰法,是将碎冰直接与鱼体接触而冷却鱼的方法。其操作方法:洗净鱼体→理鱼→撒冰装箱(撒冰要均匀)。对特种鱼或大的鱼,必要时可去鳃剖腹除内脏、洗净、腹内抱冰、撒冰装箱或装桶(容器底、壁及鱼表面都要均匀撒冰,容器底部要开口,便于融冰水流出)。

水冰法:即先用冰把清水或海水降温(清水 0℃,海水为 -1℃),然后把鱼类浸泡在水冰中进行冷却保鲜。适用于死后僵硬快的或捕获量大的鱼,如鲐鱼、沙丁鱼等。水冰法浸泡时间不宜过长,以防鱼肉吸水膨胀变质。

(3)微冻保鲜　把鱼体温度冷却到低于其冰点 1 ~2℃的低温保鲜方法称为微冻保鲜。微冻保鲜法与冷却保鲜相比,其主要优点是保鲜期显著延长。

冰盐混合微冻保鲜法:冰盐混合物的温度高低,依冰水掺入盐的百分数而决定,用盐量为冰的 29% 时最低温度可达 -21℃,要使渔获物达到微冻温度 -3℃,一般可在冰中掺入冰重量 3% 的食盐,混合均匀即可。该法具有使鱼体含盐量低、鱼体基本不变形、不需要制冷机组、操作简单等优点。

低温盐水微冻保鲜法:该方法在渔船上应用较多。将浓度 1% 的盐水温度降到 -5℃,再将渔获物放入盐水舱微冻至 -5℃,最后移入 -3℃保温鱼舱堆放保鲜。

鼓风冻结器中微冻保鲜法:第一网鱼货逐层放在冻结器内微冻,

至第二网鱼货上船后，取出鱼货放到保温舱内储藏。由于时间较长，因此每网鱼货都能达到快速均匀微冻和在 -3℃ 比较稳定的条件下储藏。采用鼓风冻结器中微冻保鲜，其最大的优点是能较理想地实现水产品冷冻工艺条件要求和装置的可靠性强。该微冻方式存在的问题是铜管用量多，施工量较大，制冷剂第一次冲注量较多等。

（二）水产品加工

1. 概念

水产品加工是指在安全、卫生、生产规范的条件下对水产原料进行处理，生产水产加工制品的过程。水产加工主要包括保鲜、食品加工和非食品加工 3 个方面。

（1）保鲜　现时使用范围最广、效果最好的保鲜方法是低温保藏。

（2）食品加工　主要包括腌制、干制、熏制和罐头食品、熟食品、冷冻食品等的加工。

（3）非食品加工　指利用各种食用价值和商品价值低的水产品、水产品加工废弃物或水产动植物体的某些组织成分为原料所进行的加工。主要产品为饲料、医药和化工产品，如鱼粉、浓鱼汁、鱼油、鱼肝油、鱼胶、藻胶、甲壳质、水产皮革以及工艺品等。

2. 类别

水产食品加工按历史发展过程、采用技术设备以及加工产品种类、特点，可分为传统加工和现代加工。

（1）传统加工　主要包括腌、干、熏制制品，多利用食盐、酒、酒糟腌渍、发酵，利用太阳、自然风、火烤、烟熏等技术脱水加工而成的产品，风味独特，但加工条件不易控制，品质不稳定。

（2）现代加工　罐头食品制造工艺的发明是现代食品工业的开端。冷冻技术、杀菌技术的发展则使得水产品加工逐步实现人工控制和长期储藏。目前，冷冻储藏技术已覆盖水产品流通、生熟水产冷冻品、鱼糜制品、模拟食品、淡盐、半干、轻熏等水产品的开发和消费。冻烤鳗、冻带鱼、冻银鱼、冻鱼片、冻虾仁等冷冻水产品及凤尾鱼罐头、豆豉鲮鱼罐头等罐头水产品（金属罐、玻璃罐、复合软包装罐）已大大丰富了水产品市场。

鱼糜及鱼糜制品：主要包括冷冻鱼糜、鱼圆、鱼糕、鱼卷、鱼香肠、模拟虾肉等水产食品，是利用绞碎的鱼肉制成一定弹性的加工食品。鱼糜加工是将鱼类采肉、漂洗、擂溃等工序制成的冻鱼糜为原料，加入调料，经成形和烹调而得的一种高蛋白、低脂肪食品。

干制调味品：干制技术由人工干燥代替了自然干燥。干制过程中温度、湿度、风速和水分等可以随时控制。干燥技术也有热风干燥、冷风干燥、真空冷冻干燥、微波真空干燥等。随着干制技术的发展，现在已开始将干制水产品（鱼片、虾肉、干紫菜等）作为原料，进一步加入调味料，经控温控湿加工处理，制成水分介于干制品与鲜制品间的中间食品和具有不同特色风味的水产调味品。

三、水产品质量控制中的包装、标志与编码

（一）包装

指鲜活水产品或水产加工品在储运、销售过程中，采用适宜的包装方式使得水产品在储运、销售、消费过程中保持产品鲜活状态、特色风味、符合产品标注的品质要求和相关质量标准要求的包装技术。

1. 活体的包装

活体包装要求在储运流通过程中处于活体状态。包装方法主要分干法包装、湿法包装和密闭包装 3 种。

（1）干法包装　主要适用于龙虾、梭子蟹、日本对虾等的包装，采用泡沫塑料、聚乙烯、浸蜡纤维板或瓦楞纸板等做成的容器，将水产品放入容器内，充填以粗麻布、碎末或木屑等吸水性好的物质，限制水产品活动。同时，将容器内相对湿度控制在 70% ~100%，温度控制在 1 ~7℃。包装后的产品可保活时间 3 天左右，该法主要用于名贵水产品的包装，采用专列或飞机运输。

（2）湿法包装　主要用于贻贝、扇贝、河蟹、甲鱼、牡蛎、文蛤等中途需要观察的水产品，包装材料采用蒲包、柳条筐、竹笼、麻袋、草包、木桶等透气良好的材料。

（3）密闭包装　主要用于鱼苗、鱼种、鳗鱼等的包装，包装材料有尼龙袋、塑料袋、塑料桶等，再辅以瓦楞纸箱外包装，可实现长途运输和销售。水产品装入包装袋中后，一般需要充入氧气，同时保持

低温。

2. 冷鲜、冻鲜品的包装

冷鲜、冻鲜品包装，主要目的是防止水分的蒸发和细菌的二次污染，尽量减少水产品脂肪的氧化变质，防止产品滴汁及防止气味污染等。通常在超级市场买到的冷鲜、冻鲜鱼贝类食品，许多是装在盘中后用氯乙烯塑料、聚乙烯、聚苯乙烯、聚丁二烯的弹力拉伸薄膜包装的；高级虾、干贝类食品，放在泡沫容器中，用高聚物薄膜密封包装；沙丁鱼和秋刀鱼之类的鲜鱼则是放在盘中，用氯乙烯塑料的弹力拉伸薄膜包装。

3. 加工品的包装

加工品的包装指对农产品实施装箱、装盒、装袋、包裹、捆扎等，应达到农业部《农产品包装和标识管理办法》、《中华人民共和国食品包装法》、《中华人民共和国食品卫生法》规定的要求。绿色水产食品包装，产品从原料、产品制造、使用、回收和废弃的整个过程还应符合环境保护的要求。

(二)标志、编码

水产品加工企业或个人应在《水产及水产品分类与名称》的基础之上进行水产产品的命名，然后按照《农产品包装和标识管理办法》、《商品条码管理办法》、《产品标识标注规定》、国家强制标准《预包装食品标签通则》(GB 7718—2004)对水产品进行条码管理、安全标志和销售。

中国物品编码中心负责全国商品条码管理的具体实施工作。依法取得营业执照和相关合法经营资质证明的生产者、销售者和服务提供者，可以申请注册厂商识别代码，并进一步设计商品代码和商品条码。

包装销售的水产品，应当在包装物上标注或者附加标志标明品名、配料清单、净含量和沥干物(固形物)含量、产地、生产者或者销售者名称、储藏方法、生产日期、保证期、产品标准号、卫生许可证号等内容。有分级标准或者使用添加剂的，还应当标明产品质量等级或者添加剂名称。未包装的水产品，应当采取附加标签、标志牌、标志带、说明书等形式标明水产品的品名、生产地、生产者或者销售者名称等内容。获得无公害农产品、绿色食品、有机农产品等质量标志使用权的水产品，还应当标注相应标志和发证机构。属于农业转基因生物的水产品，应当按照有关规定进行标志。

四、加强水产品质量控制的对策

1. 提高渔业生产者的素质

采取有效措施，开展广泛的宣传教育和培训，全面提高水产养殖生产者的产品质量安全意识。利用《农产品质量安全法》颁布实施的良好契机，采取多种形式对生产企业、渔民、加工企业和商贩进行普法教育，使他们懂得有法可依、有法必依、执法必严、违法必究。针对水产养殖业千家万户分散生产的特点，且渔民安全用药意识淡薄、缺乏安全合理用药知识的现状，水产品企业和经纪人要协助渔业行政主管部门要采取多种形式，开展广泛的宣传和科普教育，组织水产专业技术人员开展健康养殖等有关技术的培训，以提高养殖生产者的科学知识水平和质量安全意识。

2. 加强水产品的质量监管

从源头抓起，建立水产品从池塘到餐桌全过程质量监控制度。首先，生产安全的水产品，必须从原料生产开始，加大对苗种、饲料、鱼药等投入品的质量监督和管理，保证生产过程的各个环节投入品至少达到无公害的质量要求，从而确保最终产品的质量。要建立一个完整的质量保证体系，包括生产的审批、生产记录、疫情和环境质量通报、鱼药使用程序、产品销售等环节。其次，产品上市或进入加工厂前，还应经水生动物防疫机构进行检疫，经质量检验机构进行质量和药物残留检测，合格后才允许上市或进入加工厂，并提供经水产质量检验部门核发的质量证明和产品产地证明，解决产品质量可溯性问题。

3. 全面建立和推进准入制度

一是以水产原良种场、示范基地、龙头企业、商品鱼基地、水产外贸加工企业等单位为突破口，强制实行生产准入制度。对养殖环境和容量开展广泛调查，科学规划，避免污染水体开展养殖和因高密度养殖而可能导致的对渔业环境的破坏及水产品质量的下降。二是实施市场准入制度。在水产品流通环节，特别是大型集贸市场和水产品批发市场、配送中心、超市，要加强质量检测和监控，实施市场准入制度和产品质量安全追溯制度，积极推行水产品标明产地、生产单位、生产日期和保质期限的做法。

4. 优化渔业环境

水生动物生活在水体中，水环境的好坏直接关系到水产品的质量。保障养殖水体的质量应从以下几点入手：一是受污染的水不能作养殖用水，尽量从水库湖泊引水，不从大江引水，养殖水质符合NY 5051《无公害食品淡水养殖用水标准》；二是重视水质的改良，定期对养殖池塘更换新水，定期使用生石灰或生物菌剂等药物调节和改良水质，有机肥料经过消毒和发酵后使用，并且尽量少使用粪肥而污染水质；三是渔场周围3千米范围不建化工厂、皮革厂、造纸厂、医院等严重污染企业，防止污废水排入池塘。

5. 加强用药指导，建立投入品使用的可追溯制度

(1)加强用药指导，建立鱼药处方制度　基层水产技术推广人员、水生生物防疫检疫人员、水产养殖病害测报员和渔业协会要深入到水产养殖场和养殖户，对渔业生产过程中的渔药使用进行具体指导，督促养殖企业和养殖户特别是养殖大户，按照水产养殖安全用药的有关规定标准用药。同时，建立鱼药处方制度，渔民按照兽医开出的处方购买和使用鱼药。不向无兽药经营许可证的销售单位和个体户购买鱼用药物，不使用国家已公布的禁用药和无批准文号、无生产厂家、无产品批号的药物，严格按照处方或产品标签说明书的要求用药。

(2)搞好生产记录，建立可追溯制度　渔业行政主管部门应督促养殖户依法建立生产档案。生产记录的内容应包括苗种来源、放养情况、饲料投放情况、病害发生情况、药物使用情况与停药期，水产品经营销售去向等内容，养殖过程中使用药物的，其产品必须在停药期满后才能上市。要建立符合安全生产卫生要求的生产工艺流程和制度，作好生产记录，并自觉接受渔业行政主管部门和有关检测部门的监督检查。生产记录档案至少应保存两年，当发生质量安全事故时，便于追溯。

第二节　水产品加工概述

案例：在我国渔业发展的每个重要时期，水产品加工和综合利用都发挥了重要作用。20 世纪初期，每逢鱼汛季节，大量鲜鱼集中上岸，当时由于加工科技落后，又缺乏制冰和冷藏能力，大批水产品腐败变质，造成丰产不丰收，严重制约了海洋捕捞业的发展。为了解决水产品的腐败变质问题，我国科技人员开始研究水产品的保鲜和加工技术，国家又投资建设了一批制冰厂和冷库，使水产品的保鲜工作得到加强，鱼汛期间鱼货的积压和损失有所减少。20 世纪 70 年代初，由于马面鱼渔场的开发成功，大量的马面鱼被捕捞上来，最高年产量达到 20 万吨以上，这种低质鱼类，其貌不扬，消费者难以接受，市场销售不畅，大量水产品滞留冷库和渔港，水产品价格急剧下降，造成渔业公司捕捞越多亏损越多的严重局面。通过科技人员的努力，研究开发了深受国内外市场欢迎的马面鱼片干等产品，马面鱼成了各加工厂争抢的原料对象。通过加工使价值很低的马面鱼成为味美的鱼片，价值提高了几十倍，支持了捕捞马面鱼的生产，渔业公司和加工厂都获得了丰硕的经济收益。又如紫菜，经粗加工到精加工，生产薄如纸张的紫菜产品，除畅销国内市场外，还大量出口日本，大大促进了紫菜养殖业的发展。

分析：水产加工和综合利用的发展，不仅提高了资源利用的附加值，而且还安置了渔区大量的剩余劳动力，并且带动了一批相关行业，如加工机械、包装材料和调味品等的发展，具有明显的经济效益和社会效益。

一、水产品加工存在的主要问题

1. 市场开发与培育

目前,我国水产品出口主要集中在日本、美国、欧盟、韩国以及中国的香港地区,新兴市场则包括东盟、俄罗斯、中东地区和南美地区等。中国对日本、美国、欧盟和韩国的出口额占我国水产品出口总额的比重呈下降趋势,但目前仍高达70%以上。出口市场的地域过分集中,无疑增加了水产品加工出口企业的风险。国内水产品市场仍以鲜活、冷冻品消费为主,内陆省份消费以淡水水产品为主,适合国内消费者口味的水产加工品还相对较少,大宗水产品价格长期在低水平徘徊,国内水产品消费市场尚需开发与培育。

2. 技术与质量管理

从总体上看,我国水产品加工企业总体水平还较低。具体表现在我国水产品加工比例还不到总产量的30%,其中淡水加工比例更低;水产品贸易的国际化程度较低,水产品产量占世界产量的1/3,而出口额却只有世界水产品出口额的10%;加工品中仍以低价值冷冻和冰鲜水产品为主,产品技术含量与附加值均很低,加工废弃物综合利用水平很低。一些水产品深加工技术尚未取得重大突破,如除腥技术、淡水鱼类加工技术等。

目前我国已有部分企业通过ISO质量认证及HACCP认证,但具备较高认证水平的企业还较少,其中同时获得美国FDA认证和欧盟认证的企业仅有几百家。

3. 行业管理机制

行业组织化程度缺乏力度,其内部管理协调机制不健全,是目前我国水产加工行业存在的突出问题。最典型的例子就是我国鳗鱼出口企业为争夺日本市场竞相压价,相互"残杀",导致我国鳗鱼加工业利润急剧下滑,增产不增收,造成严重的经济损失。

通过对我国发生的重大食品安全事件处理能力看,我国水产加工业还缺乏应对重大食品安全突发事件的紧急应对机构,面对突发性事件,行业内部管理机构往往信息不灵,反应迟缓,缺乏协调能力,因而造成惨重的经济损失。

4. 加工品比例低，附加值不高

资料显示，世界水产品产量的 70% 以上都是经过加工后销售的，而我国目前的加工比例占产量的比重不到 30%，大宗淡水产品的加工比率更低，这不仅远低于世界平均水平，也与我国水产品总产量很不相称。而且加工仍然以冷冻等初级加工为主，深加工、精加工能力十分薄弱，加工品附加值不高。随着技术的进步，对水产品进行冷冻越来越倾向于仅是作为一种保存方式，根本不能称作“加工”，这样计算，我国水产品的加工率会更低。

5. 企业规模小，名牌少，质量不稳定

随着中国经济的发展，水产加工企业数量及加工能力不断上升，截止到 2011 年，中国水产加工企业数量已达到9 611家，加工能力达到 2 429 万吨。但是上规模的不多，从业人数超过 1 000 名的屈指可数。年产值超 20 亿元、具有明显区域带动作用的水产品加工大型企业不足 20 家。真正有影响力的也不多，许多为一哄而上的低水平重复建设，甚至还存在很多作坊式的手工企业。由于缺乏规模企业的调控，行业内恶性竞争事件时有发生，企业生存环境得不到保障，在与跨国企业竞争时处于劣势，无法保证获取正常利益。

我国水产品加工企业长期以来忽视名牌效应，走了一条量大、质低、价廉取胜之路，对我国水产品形象造成了不可估量的损失。我国企业品牌不少，称得上名牌的没有几个。有些以来料和进料加工为主的企业，都有自己比较固定的客户和市场，但因为忽略了培育自己的品牌，导致自己的产品在国际市场上没有竞争力。我国 70% 以上的水产加工品完全出自手工制作，既影响质量，又浪费原材料，剩下 30% 的产品除一小部分有完整的现代化流水作业生产线外，其余的只有部分工序借助机械来完成。

水产品企业以个体私营加工为主，加工零星分散，无法按照统一的技术质量标准生产，又无统一的货源渠道，导致质量参差不齐。在出口水产品加工企业中，虽然已有不少通过 ISO 质量认证及 HACCP 认证的，但是具备较高认证水平的企业还不多，其中，同时获得美国 FDA 认证和欧盟认证的企业更少。

6. 加工技术落后

我国水产加工业有几千年的发展历史，但目前除部分大型水产品企业外，大部分中小企业加工设备简单，仍以手工操作为主，其产品结构不尽合理，设备老化，技术落后，影响到水产品加工业总量的提高与整体实力的壮大。据报道我国水产品加工企业的技术装备50%还处于20世纪80年代的世界平均水平，40%左右处于90年代水平，只有不到10%达到目前世界先进水平。

另外，水产品加工业的科技开发和研究力量分散，科研经费短缺，基础性的技术储备严重缺乏，科研成果转化周期长，企业技术创新也缺乏政策扶持，与水产品加工业发展要求有一定差距。

二、水产品加工业的发展思路

1. 大力开展基础性研究

水产品企业应加强与高校、水产科研院所的联合研究，充分发挥高校和科研院所的科研能力，是适合我国实际情况的发展模式。我国水产品加工业的基础研究应从水产动植物食品加工和高效综合利用的角度出发，系统研究我国主要鱼、贝、虾、藻类的生物化学、物理化学和利用化学特性。重点研究其所含化学物质的组成、结构、性质、分布和质量变化规律，为高效利用提供科学依据。淡水水产品加工是我国急需解决的难题，因此应着力解决淡水鱼加工综合利用及加工过程中的蛋白质冷冻变性、鱼肉中泥腥异味的去除及净化加工等难题。另外，对大宗水产品、低值水产品和加工废弃物的精加工和综合利用的研究仍是重中之重。

2. 树立质量效益观念，强化品牌意识

市场的竞争即质量的竞争。产品要在激烈的市场竞争中获胜，质量必须过硬。为了适应我国水产品参与国际竞争，必须加快我国水产品加工企业质保体系的建立和认证工作，必须按照国际通行做法进行改革和调整，要积极采用国际标准，如HACCP及GMP等先进的质控方法，严格执行ISO 9000系列标准，切实提高我国水产品的质量，尽快与WTO的要求接轨。水产品深加工质量认证体系要和国际接轨，要加强HACCP的普及应用。水产加工企业应按照国家规定的标准，尽力完善自身的质量保证体系，生产出更加安全的水产品。确定固定的原料供应商，原料来源实现有效监控。加强与原料供应商之间的合作，确定相对固定的原料供应商，使生产原料的质量得到有效监控，从而在源头上保证水产品质量。企业应根据市场的要求不断提高产品的安全质量，才能更好地开拓市场，有效抵御风险。当今世界进入了信息化社会，随着水产品市场供应丰富，消费者从不重视品牌转为购买品牌，特别是在大中城市，随着食品安全的意识不断提高，甚至出现了只买品牌的消费群体。超市交易方式的迅速发展为品牌水产品特别是名牌水产品提供了扩大市场份额的机会，同时也排斥了无品牌水产品的市场准入。因此，只有树立品牌意识，企业才能获得长远发展。我国的水产品加工企业必须创立国内知名品牌乃至国际知名品牌，确立中国水产品加工企业在国际上的地位。作为水产品加工的主要从事者，水产品加工企业更应明确当前我国水产品加工业的现状，摸清形势，抓住国内水产制品市场快速发展的有利时机，加入名牌产品培植力度，积极主动地开发国内消费市场，打出品牌，掌握主动，促进自身企业发展。

3. 依靠技术创新，提高产品竞争力

技术创新是提高产品竞争力的直接动力。我国水产品要在现有技术基础上，采用新方法、新工艺、新技术进行技术创新，重点开发具有一定超前性的高技术含量、高附加值的精深加工产品和水产废弃物的开发利用。如应加强生物工程和基因技术在水产加工领域的应用研究；采用“高压技术”和“栅栏技术”，研制不经高温杀菌而能较长时间保鲜的水产加工产品；采用化学或物理方法相结合的新技术生产超细微粉末食品等。

企业在加工过程中应摒弃原来粗放的生产模式，积极研究国际上的新技术，对产品进行精细加工，依靠科技，降低成本，增加效益。积极引进国外先进的水产品加工技术和设备，大力开拓水产品保鲜加工，促进水产品精深加工，提高水产品的档次和科技含量。针对我国企业研究能力普遍不强的现状，应加强产学研结合对水产品的精深加工及综合利用，采取联合攻关、共同开发并促使科研成果尽快转化的办法，加快行业技术进步和产业升级。比如可开发系列风味食品、即食食品、调味食品、保健食品等;可采用现代生化技术开发水产品衍生物,如生物制剂及医药化工产品等。

企业应该推陈出新,不断翻新花样,任何商品都有一定的生命周期,没有长盛不衰的产品,水产品加工业也一样。首先要考虑生产新型产品,对于已有产品,可以加以改造,翻新花样,更换加工方式,以全新的形象推向市场。对于对同一种产品从不同角度考虑,附加不同的属性成为一种新的产品。努力推出有自己企业特色的产品,从而在同类产品中脱颖而出。有时候商品的味道就是一种资源,直接确立企业和该产品的核心竞争力。目前水产品根据市场和客户的要求进行深加工,加入各种调料和辅料或者直接提取水产品的某些成分,制成各种烧烤、鱼糜、保健食品、功能食品等产品,考虑到产品使用的快捷性、方便性、多样性和个性化等,满足各种不同类型顾客对营养、卫生、口味的需求,使客户对产品经过最简单的处理即可食用,既提高现代人的生活质量和效率,同时提高产品的附加值,使工厂获得更多的利润。总之,企业要根据市场的发展形势,及时调整产品的品种,尽量做到产品多样化,出口地区多元化,避免单一产品和市场带来的风险。目前,水产品加工的发展方向是:方便水产食品、风味水产品、模拟水产品、保健水产品、营养水产品、美容水产品、减肥水产品。

4. 要借鉴国际经验,全面提升水产品加工业的运行绩效

(1)建立完善水产品加工质量保证体系　水产品加工向深度发展,产品质量标准要求越来越高。美国、日本等国早已开始实施HACCP质量保证体系,凡进入这些国家的水产加工品均须符合HACCP质量要求。目前,我国已成立了水产品质量检测中心和认证中心,渔业局已组织制定了《水产品加工质量管理规范》。水产品加工企业应按照国家规定的标准,建立自身的质量保证体系,将质量认证的范围逐渐扩大到养殖领域及饲料和渔药等生产领域。出入境检验检疫部门要会同水产、环保等部门及有关水产科研机构,逐步对水产养殖环境进行全面监控,以全面提高水产品质量。

(2)加快健全水产品市场信息服务系统　水产品的国际贸易迫切需要及时、可靠的国际市场动态信息作为保证。为此,我们要以中

国的渔业贸易信息咨询机构为中心，强化信息咨询体系建设，以提供及时、可靠的国际市场的动态信息。既要抓好信息网络系统建设，又要注重信息发布的质量，争取发布的信息能引导渔农以销定产，并有利于出口企业捕捉国际商机，生产适销对路的水产品，保证水产品货畅其流。一方面要研究国际市场的商品供求信息、出口政策及卫生质量法规、标准等内容；另一方面要搜集国内特色水产品、水产产业化龙头企业信息，促使双方及时、快捷地进行交流。

（3）创造性地开拓新兴水产加工品出口市场　要努力开拓新兴水产加工品出口市场，减少对单一市场的依赖，要在稳定现有市场的条件下，致力于多元化市场的建设。尽管我国水产加工品出口逐步走向市场多元化，但日本、美国、欧盟、韩国、中国香港等国家和地区仍然是主要水产品出口的目标市场。近年来我国对上述5大市场出口的水产品占出口总量的90%左右。出口市场的过分集中，极易产生市场依赖性，从而影响出口效益。因此，我们应在提高水产品质量的同时，针对各地区市场分布的特点，因地制宜开发出符合当地消费者口味和时尚的水产品，选择和开发多国市场，以减少个别市场波动给水产品出口带来的波动。

（4）积极推进渔业标准化　各级渔业管理部门和渔技部门要把渔业标准化作为从传统单一渔业向规模化、产业化渔业转变的重要技术条件，围绕优势水产品和特色水产品，精心制定适应国际国内市场的水产品质量标准体系和生产技术操作规程。要以加强产品质量管理为重点，努力提高我国水产品在国际市场的竞争力。必须高度重视水产品食用卫生安全，严格按照国际规范对水产品生产加工进行控制和管理。目前应当以水产养殖和加工为重点，加快建立既符合中国国情又与国际接轨的产品质量保障体系和生产技术操作规程，重点搞好HACCP、ISO 9000等国际质量认证、绿色食品认证和国际环保认证，切实加强对渔业生产、加工、出口各个环节的质量控制，确保达到国际标准。

（5）提高水产业组织化程度　我国近年来水产品出口综合单价持续下跌，且出口屡屡受阻，这尽管与一些国家和地区的非关税贸易壁垒有关，但也与行业竞争无序及行业自律欠缺是分不开的，它充分暴露了行业组织化管理落后的弊端，更为重要的是落后的行业管理将很难赢得未来的水产品国际竞争。在面临反倾销、反补贴以及所谓的紧急限制进口措施的情况下，行业的组织和协调就显得更为重要。一方面，应建立多种联合经营组织，采取松散型或紧密型的契约合同方式，形成集生产、加工出口于一体的组织群体。同时，应建立行业协会、商会，调节进出口，维护行业利益和国家利益。另一方面，应培植龙头企业，大力推进产业化经营，将小规模的生产经营与大市场连接起来，充分发挥行业自律和经济互补的作用，形成合力，共同防范和抵御市场风险。

5. 要抓好引导调整，促进水产品加工业快速健康发展

（1）政府要高度重视，增加水产品加工业的投入　一方面要给水产品加工业一个宽松的发展环境，对其研究、试验等攻关项目要提供经费；在土地使用、城建规划、税费减免及外贸扶持等方面努力创造条件，扶持其发展。另一方面在资金投入上要发挥导向作用，并且引导金融部门及社会资金广泛投入，争取多元化投资发展水产品加工业。如解决出口水产加工品收购资金，对出口水产品各项税费征收标准进行清理，做好出口退税工作，对大宗水产加工品出口提供信用担保等。

（2）放开搞活水产品加工企业，发挥其龙头带动作用　要以现代企业制度建设为重点，进一步提高渔业生产、加工、流通企业的经营管理水平，按照“产权明晰、权责明确、政企分开、管理科学”的现代企业制度，以提高经营效率为中心，进一步盘活水产品加工企业，更好地适应国际竞争的需要。

（3）开拓水产品加工市场，积极寻找客户　要保证水产加工品货畅其流，必须广开市场，尤其在开拓出口市场。根据实践，市场客户可以用以下几个途径去寻找：一是网上招商，二是商函招商，三是外贸收购，四是“借船出海”，五是展会招商。

（4）实施精品名牌战略，发展产业化经营　全国各地要选择当地近年来已形成规模化生产、市场前景好、有出口创汇能力的名优水产品开展深加工，争取一个品种的加工带动一条产业链的形成。在抓好龙头企业建设的同时，不断开辟生产基地，走“公司＋基地＋农

户”的路子，拓宽市场流通。

6. 大力发展精深加工

水产品深加工具有高附加值、高科技含量、高市场占有率、高出口创汇率的“四高”特点，并且能带动一批相关行业，如加工机械、包装材料和调味品等的发展，具有明显的经济效益和社会效益。对水产品进行深加工，也是充分利用资源、实现加工增值、缓解水产品市场供需关系矛盾的需要。

未来，我国水产品精、深加工的开发主要应从以下 5 个方面着手：①加快低值水产品、小杂鱼的综合开发利用。②开发受欢迎的合成水产品。③开发水产保健食品。④提高水产加工产品档次。⑤开发受欢迎的新型水产饮料和调味品。

7. 研究国际市场，积极扩大出口

良好的销路是加工企业发展的动力，与我国消费者喜好鲜品不同，发达国家消费者更偏向水产加工品。因此，大力发展水产加工品出口对我们这样的水产品大国来说至关重要。

对国际市场全面透彻的了解和研究是确保我国产品在国际市场上畅通无阻的前提。首先要分析、研究目标市场对市场进入法规的要求，并进行密切追踪。发达国家对进入市场的水产品规定非常严格，企业准确把握法规要求，才能生产符合标准的产品，适销对路。其次要研究目标市场的消费习惯，消费者的消费喜好，按照“投其所好”的原则生产其喜食的产品。比如，泰国的金枪鱼罐头多年来一直牢牢占据欧盟 70% 的市场，就是牢牢抓住了欧盟消费者对金枪鱼罐头特别偏爱这一特点，再如新加坡年消耗水产品 10 万吨，除了整鱼，居民也喜欢吃鱼丸、鱼饼等其他鱼加工食品，一天吃掉的鱼丸、鱼饼多达 60 吨，一年可达 2 万吨。我们完全可以开发和抢占这一市场。

三、水产品加工业的发展对策

1. 加强新型产品研究与开发

(1)合成水产品　随着我国人民生活水平的不断提高，对水产品需求量也在逐渐增加，而天然水产品特别是一些高级海产品的产量不能满足人们日益增长的需求量。需要水产品加工企业生产出以鱼类、海藻等大众水产品为原料，配以适当的调味料且色、香、味俱佳的仿生食品，如鱼翅、虾仁等。同时还应加快低值水产品、小杂鱼的综合开发利用。

(2)水产保健食品　近年来研究表明，水产品具有良好的营养与保健功能。海水鱼的脂肪中含70%以上的高度不饱和脂肪酸，其中一些是陆地动植物中所没有的，而且对预防心脑血管疾病、健脑、增强记忆力、视力和增强人体免疫功能有着显著的功效。

(3)新型水产饮料　饮料已经是人们日常饮食中不可或缺的辅助食品。碳酸饮料、果汁饮料、蔬菜汁饮料、乳饮料等均在饮料领域占有一席之地，而水产饮料几乎还是空白，研制开发水产饮料有着广阔的发展空间。

2. 加大产学研结合力度

在知识经济时代，科技含量高低对经济发展起着决定性作用，各加工企业要尽可能地采用先进的新兴食品工程单元，优化配置，组成高效率的、经济合理的生产作业线。一定程度的机械化、连续化、自动化，避免直接手工操作造成的对产品质量的不利影响。并积极地引进和利用好各类人才，同时与各科研机构或高校等单位建立合作关系。大力培养现代知识型人才，建立和健全科技创新体系与科技开发体系，加强各学科交叉与合作，形成群体攻关优势。

3. 改变经营理念提升经营水平

(1)增强知识产权保护意识　随着市场经济体制的完善，知识产权保护提高到议事日程，企业由于商标注册等问题而对簿公堂已经不是新闻，而许多老牌企业正是因为没有及早保护自身的知识产权而败诉。这样的政治和经济损失，值得各传统食品企业引以为戒。

(2)增强质量意识　质量是任何一个产品牢固占领市场份额的根本保证。由于水产食品在消费历史上形成了惯性与独特性，要保证水产品品质需要先进的分析、检测仪器作保证，还需要在口感、风味等许多主观性较强的质量指标上保证其传统性。

(3)注重品牌意识　传统食品做品牌，有着得天独厚的优势。但水产品在考虑品牌优势的同时，不应仅仅利用这份无形资产，更重要的是调整心态,吸收民族文化的精华,将这个领域的品牌做得更加深入人心,才能使传统产品的品牌青春永驻。

(4)强化包装与宣传意识　包装不仅仅在于产品的形象、外观,还包括整个企业的公共关系与社会效应。当然,包装与宣传必须建立在产品质量过硬的基础上。

(5)强强联合策略　水产品企业的强强联合,包括3个方面:一是水产品企业之间的联合,二是传统水产品与新型水产品的联合,三是民族工业与国外先进工业的联合。通过这样的联合模式,学习先进经验,实现资源共享,将水产品加工产业带上可持续发展的通途。

总之,水产品加工业是未来我国水产业的最大潜力,大力发展水产品加工业要立足于现阶段我国国情,发挥优势,以市场为导向,以雄厚的基础性研究为后盾,以提高质量为中心,以技术创新为手段,不遗余力地发展精深加工、综合利用,只有这样,我国水产品加工业的发展才会有大的突破,实现质的飞跃,为我国水产事业的发展,为改善人民群众食品结构,为全面建设小康社会做出应有的贡献。

小　知　识

水产品加工业的“五化”

水产品加工业发展缓慢,将在一定程度上阻碍水产业的长足发展。有关专家建议,未来水产品加工应朝以下几个方向发展:

1. 方便化

先把一些水产品加工成鱼浆,再用鱼浆生产出各式各样的鱼糕、鱼脯、鱼排、鱼香肠等产品,可直接食用,既营养丰富又耐储存,且携带方便。

2. 模拟化

把鱼浆制成色、香、味、形近似蟹、虾、贝、鱼翅、鱼子等产品,这种模拟产品胆固醇含量低。

3. 保健化

以水产品为原料,按照一定的配方,配以药物,用水产之味,取药物之性,制成各种保健食品。

4. 美容化

鱼子不但味道鲜美,而且营养丰富,含有大量蛋白质和钙、磷、铁及卵磷脂等元素和物质,是国际上较流行的健美食品。

5. 鲜活分割化

水产品经过科学分割加工后能保持原有的新鲜口味,如淡水鱼除提倡就地、就近活销、鲜销外,还可分割制成冷冻小包装,储存时间长,食用方便。

附录一

水产品购销合同

甲方(需方):______________________________

地址:________________ 邮编:________

电话:__________

法定代表人:__________ 职务:________________

乙方(供方):______________________________

地址:________________ 邮码:________

电话:__________

法定代表人:__________ 职务:________________

为了促进水产品的商品生产,满足城乡人民生活对水产品的需要,经甲、乙双方充分协商,特订立本合同,以便双方共同遵守。

第一条 产品的名称、品种和数量

1. 产品的名称和品种:__________________________。

2. 产品的数量:______________________________。

(必须明确规定产品的计量单位和计量方法)

第二条 产品的等级、质量和检疫办法

1. 产品的等级和质量:__________________________。

(产品的等级和质量,国家有关部门有明确规定的,按规定标准确定产品的等级和质量;国家有关部门无明文规定的,由双方当事人协商确定。)

2. 产品的检疫办法:___________________________。

(国家或地方主管部门有卫生检疫规定的,按规定进行检疫。)

第三条 产品的价格、货款结算与奖售办法

1. 产品的价格按下列第(　　)项执行:

(1)派购任务或派购基数内的产品,执行国家规定的收购牌价。

在合同执行期内遇有价格调整时，按新价格执行。

(2)不属派购任务或派购基数的产品，收购价格由当事人协商议定。

2. 货款结算办法按下列第(　　)项执行：

(1)对村民、专业户、个体经营户采取现金结算，钱货两清。

(2)对按有关规定必须采取银行结算的，按银行的统一规定办法结算。

3. 奖售办法：

第四条　交货期限、地点和方式

____。

(购销合同，原则上以一年为限，分季分月执行；根据鲜活商品的特点，交货日期经协商一致可适当提前或推迟。交货地点和方式，可由当事人商定。)

第五条　甲方的违约责任

1. 甲方未按合同规定收购或在合同期间退货的，应按未收或退货部分货款总值的____%(5% ~25%)，向乙方偿付违约金。

2. 甲方如需提前收购，征得乙方同意变更合同的，甲方应给乙方提前收购货物总值的____%的补偿。甲方因特殊原因必须逾期收购的，除比照中国人民银行有关延期付款的规定，按逾期收购部分货款总值计算向乙方偿付违约金外，还应承担供方在此期间所支付的保管费或饲养费，并承担因此而造成的其他实际损失。

3. 对通过银行结算而未按期付款的，应按中国人民银行有关延期付款的规定，向乙方偿付延期付款的违约金。

4. 乙方按合同规定交货，甲方无正当理由拒收的，除按拒收部分货物总值的____(5% ~25%)向乙方偿付违约金外，还应承担乙方因此而造成的实际损失。

第六条　乙方的违约责任

1. 乙方逾期交货或交货少于合同规定的，如甲方仍然需要的，乙方应如数补交，并应向甲方偿付逾期货或少交部分货物总值的____%的违约金；如甲方不需要的，乙方应按逾期或分交部分货款总值的____%(1% ~20%)的违约金。

2. 乙方交货时间比合同规定提前,经有关部门证明理由正当的,甲方可考虑同意接收,并按合同规定付款;乙方无正当理由提前交货的,甲方有权拒收。

3. 乙方交售的产品规格、卫生质量标准与合同规定不符时,甲方可以拒收。乙方如经有关部门证明确有正当理由,甲方仍然需要乙方交货的,乙方可以迟延交货,不按违约处理。

第七条 不可抗力

合同执行期内,如发生自然灾害或其他不可抗力的原因,致使当事人一方不能履行、不能完全履行或不能适当履行合同的,应向对方当事人通报理由,经有关主管部门证实后,不负违约责任,并允许变更或解除合同。

第八条 其他约定

____。

当事人一方要求变更或解除合同,应提前通知对方,并采用书面形式由当事人双方达成协议。接到要求变更或解除合同通知的一方,应在7天之内做出答复,逾期不答复的,视为默认。

违约金、赔偿金应在有关部门确定责任后10天内(当事人有约定的,从约定)偿付,否则按逾期付款处理。任何一方不得自行用扣付货款来抵充。

第九条 本合同正本一式两份,甲、乙双方各执一份(两份具有同等效力)。

第十条 本合同于____年____月____日在__________签订;有效期限至____年____月____日。

甲方:______________

代表人:____________　　　　____年____月____日

乙方:______________

代表人:____________　　　　____年____月____日

附录二

常见鱼名、学名、地方名对照表

鱼名	学名	地方名
大黄鱼	大黄鱼	大鲜、大黄花、大王鱼
小黄鱼	小黄鱼	小王鱼、黄花鱼
白姑鱼	白姑鱼	白米子、白花鱼、白鳘子
黄姑鱼	黄姑鱼	铜罗鱼、黄姑子
鮸鱼	鮸鱼	鳘子鱼、鳘鱼
梅童鱼	黑鳃梅童鱼	梅童鱼、梅子鱼、大头宝
叫姑鱼	叫姑鱼	沙蜮、尖头蜮、小白鱼
牙片	牙鲆	牙片、偏口、比目鱼
斑鲆	斑鲆	鲆鱼、猫头、花点鲆
长脖鱼	高眼鲽	长脖鱼、高眼鱼、偏口
石岗子鱼	石鲽	石岗子鱼、石板、石江子
八角鱼	木叶鲽	八角鱼、猴子鱼、八甲鱼
小嘴鱼	黄盖鲽	小嘴鱼、沙板、黄盖
鳎板鱼	宽体舌鳎	鳎板鱼、牛舌、鳎目
花板鱼	条鳎	花板鱼、花牛舌、花鞋底
带鱼	带鱼	刀鱼、鳞刀鱼、大带鱼
鳓鱼	鳓鱼	曹白鱼、鲙鱼、白鳞鱼
青鱼	太平洋鲱鱼	青鱼、青条鱼
青鳞鱼	青鳞鱼	青皮鱼、柳叶鱼
鲮鲫鱼	斑鰶	鲮鲫鱼、古眼鱼、刺儿鱼
黄鲫鱼	黄鲫鱼	油扣、黄尖子、鳑子鱼
燕鲅鱼	蓝点鲅	燕鲅鱼、鲅鱼、马鲛鱼
鲐鱼	鲐鱼	鲐鲅鱼、油胴鱼